数字中的

Экономика России

X I X - X X в в . в

цифрах.
Крепостная Россия

俄国经济

1800
~
1861

〔俄〕C. 沃兹涅先斯基 著

邓沛勇
王梓云博
张恩祥 译

社会科学文献出版社
SOCIAL SCIENCES ACADEMIC PRESS (CHINA)

目 录

第二章　农业和畜牧业 // 044

第三章　工业 // 113

第一章　人口构成

一　1724~1858年的俄国人口[①]

从 18 世纪开始，俄国人口数量出现明显增长，主要原因有二：一是随着社会经济发展，人口自然增长率提升；二是俄国兼并了大量土地，原有土地上的居民随之成为其属民。虽然 18 世纪至 19 世纪中叶前俄国居民数量明显增加，但居民的地区分布十分不均衡，各等级居民数量也差异较大。

彼得一世执政时期，受长年战争所累，居民数量增长并不显著。彼得一世去世后，俄国政局不稳，居民数量虽有所增加，但增量不大。叶卡捷琳娜二世继位之后，俄国人口才大幅增加。1724~1858 年俄国人口规模详见表 1.1。

[①] Огановский Н. П. Закономерность аграрной эволюции. Ч. II. Очерки по истории земельных отношений в России. Саратов. , 1911 г. С. 223 и 226; Милюков II. Н . Очерки по истории русской культуры . Ч. 1. Изд. 5. СПБ. , 1905 г. С. 25 и след.

表1.1　1724~1858 年俄国人口规模

单位：百万人

时期	男性人口数量	两性人口数量
1724 年（第 1 次人口调查）	5.8	14
1743~1745 年（第 2 次人口调查）	6.6	16
1762~1764 年（第 3 次人口调查）	7.5	19
1782~1783 年（第 4 次人口调查）	12.8	28
1796 年（第 5 次人口调查）	17.8	36
1811 年（第 6 次人口调查）	17.9	41
1817 年（第 7 次人口调查）	17.0	45
1835 年（第 8 次人口调查）	21.8	60
1851 年（第 9 次人口调查）	22.3	68
1858 年（第 10 次人口调查）	24.0	74

　　资料来源：男性人口数量源自人口调查数据，两性人口数量源自德·利夫隆（Де-Ливрон）的数据。

　　由表 1.1 数据可知，这 135 年来，俄国人口总量增长了 4.3 倍。值得一提的是，在此期间，波兰、立陶宛、白俄罗斯、小俄罗斯西部、芬兰、伏尔加河下游地区、北高加索和新俄罗斯地区均被纳入俄国的版图。如果只考虑彼得大帝时期俄国领土内的居民数量，那么 1724~1851 年，俄国人口仅增加了 2 倍，具体数据详见表 1.2。

表1.2　1724~1851 年俄国领土内的居民数量①

单位：万人

年份	数量
1724	1300

---

①　彼得一世时期俄国虽获得了波罗的海出海口，南征亚速和波斯等地，但与 19 世纪中叶相比，其领土范围仍相去甚远。叶卡捷琳娜二世时期，两次俄土战争之后，俄国获得了波罗的海出海口，俄普奥三国瓜分波兰，波兰大部分领土成为俄国属地。19 世纪初，芬兰等地也成为俄国领土。上述很多地区经济发达，人口数量众多。——译者注

年份	数量
1762~1764	1900
1769	2700
1815	3050
1851	3900

18 世纪早期，俄国人口占整个欧洲人口总量的1/10~1/8。19 世纪初，这一比例增长了约 1 倍。具体而言，1801 年，俄国人口已增加至 3500 万~4000 万人①，而此时整个欧洲的人口总量为 1.7 亿~1.75 亿人，俄国人口占整个欧洲人口总量的1/5~1/4。

1724~1861 年俄国人口的总体增长状况详见表 1.3。

表 1.3　1724~1861 年俄国人口的总体增长率

单位：%

年份	增长率
1724~1762	1.21
1762~1815	1.14
1815~1861	0.75

由表 1.3 数据可知，1724~1861 年俄国人口的总体增长率呈现下降趋势，其原因是人口向南部和东南部流动（政府向新占领土地迁移人口），农民人口增长疲软。

①　1801 年人口数量高于表 1.2 中所示 1815 年人口数量，原著如此，此处存疑，因无充分依据，不做改动，后文类似情况同此处理，不再另行说明。——编者注

二 彼得大帝时期和亚历山大二世统治初期
俄国各地区的人口密度[1]

因各地经济发展水平不同，居民密度差异也较大，经济发展水平越高的地区，居民密度越大；除此之外，人口自然增长也是影响居民密度的因素。彼得大帝时期和亚历山大二世统治初期俄国各地区的人口密度详见表1.4。

表1.4 彼得大帝时期和亚历山大二世统治初期俄国各地区的人口密度

单位：人/俄里^2

地区	1724 年	1858 年
中部地区（莫斯科省）	29.4	39.4
西南部地区（基辅省）	11.2	40.8
西部地区（斯摩棱斯克省）	7.6	26.0
西北部地区（英格曼兰省）	5.2	14.7
南部地区（亚速省）	3.9	32.1
东南部地区（喀山省）	2.6	19.8
东部地区（西伯利亚）	1.9	8.0
北部地区（阿尔汉格尔斯克省）	0.7	1.7

彼得大帝时期和亚历山大二世统治初期俄国部分地区的人口数量详见表1.5。

---

[1] Милюков П. Н. Очерки по истории русской культуры. Ч. I. С. 31；Огановский Н. П. Очерки по истории земельных отношений в России. С. 224.

表 1.5　彼得大帝时期和亚历山大二世统治初期俄国部分地区的人口数量

单位：百万人

地区	1724 年	1858 年	增长量	在彼得大帝统治区域平均人口增长率基础上人口本来应该增长的量	增长量差异
中部地区（莫斯科省）	3.4	4.5	1.1	8.4	−7.3
西南部地区（基辅省）	0.5	1.9	1.4	1.4	0
西部地区（斯摩棱斯克省）	1.9	5.2	3.3	4.6	−1.3
西北部地区（英格曼兰省）	0.7	1.6	0.9	1.7	−0.8
南部地区（亚速省）	0.4	1.7	1.3	1.0	0.3
东南部地区（喀山省）	1.1	3.9	2.8	2.6	0.2
东部地区（西伯利亚）	0.9	7.2	6.3	2.2	4.1
北部地区（阿尔汉格尔斯克省）	1.1	8.8	7.7	2.9	4.8

　　俄国人口增长不均的特征显著，中部地区的人口数量较多。即便如此，我们也能注意到人口向南部和东南部地区"流动"。而中部地区和西北部地区，即旧俄罗斯地区，与莫斯科公国时期一样，仍然有很多人口向草原地带和伏尔加河流域迁移。①

————————

①　因本书作者并没有分析俄国各省的居民状况，译者从其他著作中选取了数据进行对比。

1811~1863 年欧俄 49 省人口组成及变化状况

单位：千人，%

序号	省份	人口数量				人口增长率			1811~1863 年增长	
		1811 年	1838 年	1851 年	1863 年	1811~1838 年	1838~1851 年	1851~1863 年	增长数量	增长率
1	阿斯特拉罕	76.0	258.5	386.8	377.2	240.1	49.6	−2.5	301.2	396
2	顿河军团	250.0	640.3	793.8	949.7	156.1	24.0	19.6	699.7	280
3	赫尔松	370.4	765.8	889.2	1330.1	106.7	16.1	49.6	959.7	259
4	比萨拉比亚	300.0	790.0	874.0	1026.3	163.3	10.6	17.4	726.3	242
5	萨马拉、萨拉托夫、辛比尔斯克	1901.3	2761.4	3777.3	4562.7	45.2	36.8	20.8	2661.4	140
6	塔夫里达	254.9	520.2	608.6	606.8	104.1	17.0	−0.3	351.9	138
7	奥伦堡	787.6	1771.4	1712.7	1843.4	124.9	−3.3	7.6	1055.8	134
8	维亚特卡	1120.2	1511.6	1818.8	2220.6	34.9	20.3	22.1	1100.4	97

续表

序号	省份	人口数量				人口增长率			1811~1863年增长	
		1811年	1838年	1851年	1863年	1811~1838年	1838~1851年	1851~1863年	增长数量	增长率
9	圣彼得堡	600.0	585.2	566.4	1174.2	−2.5	−3.4	107.2	574.2	96
10	彼尔姆	1113.2	1488.8	1741.7	2138.5	33.7	17.0	22.8	1025.3	92
11	基辅	1066.2	1459.8	1635.8	2012.1	36.9	12.2	23.0	945.9	88
12	叶卡捷琳诺斯拉夫	666.2	790.1	902.4	1204.8	18.6	14.2	33.5	538.6	80
13	莫斯科	946.8	1249.7	1348.0	1564.2	32.0	7.9	16.1	617.4	65
14	沃罗涅日	1180.0	1507.2	1629.7	1938.1	27.7	8.1	18.9	758.1	64
15	唐波夫	1266.7	1591.7	1666.5	1974.6	25.7	4.7	18.5	707.9	56
16	哈里科夫	1030.0	1334.0	1366.2	1590.9	29.6	2.3	16.4	560.9	55
17	喀山	1049.1	1220.8	1347.4	1607.1	16.4	10.4	19.3	558.0	53
18	波多利斯克	1297.8	1548.2	1578.0	1868.9	19.3	1.9	18.4	571.1	44
19	沃洛格达	702.9	747.5	864.3	974.7	6.1	15.6	12.7	271.8	38
20	奔萨	868.5	988.4	1058.4	1179.1	13.8	7.1	11.4	310.6	37
21	阿尔汉格尔斯克	210.0	230.0	234.1	284.2	9.5	1.8	21.4	74.2	35
22	诺夫哥罗德	765.8	825.4	891.0	1006.3	7.8	7.9	13.0	240.5	31
23	沃伦	1212.8	1314.1	1469.4	1602.7	8.4	11.8	9.1	389.9	32
24	梁赞	1087.7	1241.7	1308.5	1418.3	14.2	5.4	8.4	330.6	30
25	芬兰	715.4	740.0	821.5	925.3	3.4	11.0	12.7	209.9	29
26	库尔斯克	1424.0	1527.3	1665.2	1827.1	7.3	9.0	9.7	403.1	28
27	特维尔	1200.8	1297.9	1359.9	1518.1	8.1	4.8	11.6	317.3	26
28	奥廖尔	1228.2	1366.3	1406.6	1533.6	11.2	3.0	9.0	305.4	25
29	下诺夫哥罗德	1042.9	1071.1	1126.5	1285.2	2.7	5.2	14.1	242.3	23
30	弗拉基米尔	1005.1	1133.2	1168.3	1216.6	12.7	3.1	4.1	211.5	21
31	奥洛涅茨	245.2	239.2	263.4	296.6	−2.5	10.1	12.6	51.4	21
32	波尔塔瓦	1625.0	1621.6	1688.7	1911.4	−0.2	4.1	13.2	286.4	18
33	切尔尼戈夫	1260.0	1300.0	1374.7	1487.4	3.2	5.7	8.2	227.4	18
34	爱斯特兰	263.3	282.2	289.5	313.1	7.2	2.7	8.1	49.8	18
35	库尔兰	510.0	503.0	539.3	573.9	−1.4	7.2	6.4	63.9	12
36	维尔诺、格罗德诺、科夫诺、维捷布斯克、明斯克、莫吉廖夫	5087.0	4956.6	4974.0	5548.5	−2.6	0.4	11.5	461.5	9
37	科斯特罗马	1013.6	958.7	1020.6	1074.0	−5.4	6.5	5.2	60.4	6
38	土拉	1115.0	1115.5	1092.5	1152.5	0	−2.1	5.5	37.5	3
39	卡卢加	986.9	914.9	941.4	964.8	−7.3	2.9	2.5	−22.1	−2
40	雅罗斯拉夫	993.0	916.5	943.4	969.6	−7.7	2.9	2.8	−23.4	−2
41	斯摩棱斯克	1190.0	1064.2	1069.6	1137.2	−10.6	0.5	6.3	−52.8	−4
42	普斯科夫	782.0	705.3	657.3	718.9	−9.8	−6.8	9.4	−63.1	−8

资料来源：Рашин А. Г. Население России за 100 лет（1813 - 1913гг）. Статистические очерки. М., Государственное статистическое издательство, 1956. С. 28-29。

三　第一次移民时期俄国旧区域移民地区的人口分布[①]

第一次移民时期俄国旧区域移民地区的人口数量占比详见表 1.6。[②]

表 1.6　第一次移民时期俄国旧区域移民地区的人口数量占比

单位：%

地区	1678 年	1724 年	1858 年
旧地（莫斯科公国境内、诺夫哥罗德地区和北部地区）	73.1	64.9	38.1
移民地区（草原地带、伏尔加河流域和里海沿岸地区）	26.9	35.1	61.9

众所周知，人口流动贯穿于整个第一次移民时期，并在接近末期时有所减弱，其中大俄罗斯地区[③]的人口分布状况详见表 1.7。

表 1.7　1747~1862 年大俄罗斯地区的人口分布状况

单位：%

地区	1747 年	1762 年	1782 年	1819 年	1838 年	1851 年	1862 年
莫斯科工业区、西北部地区和北部地区	52.3	51.3	45.3	44.7	36.8	36.2	35.9
中部黑土地区、伏尔加河沿岸地区和东北部地区	47.7	48.7	54.6	55.3	63.2	63.8	64.1

---

① Огановский Н. П. Очерки по истории земельных отношений в России. С. 225.
② 此处第一次移民时期指的是俄国居民向新兼并地区迁徙的过程，此过程随着俄国版图的扩大而开始，这次人口主要向伏尔加河流域、南部草原地区和里海沿岸地区迁移。第二次移民发生于 19 世纪下半叶，主要向俄国边疆地区迁移。此处的旧区域泛指莫斯科公国辖区、诺夫哥罗德地区和俄国的北部地区。——译者注
③ 大俄罗斯地区泛指俄罗斯人居住的地区，此处指莫斯科工业区、西北部地区、北部地区、中部黑土地、伏尔加河沿岸地区和俄国东部地区。——译者注

由表 1.7 中数据可知，移民运动的高峰出现在 18 世纪上半叶。到 19 世纪，第一移民区域的人口已经饱和，移民主要涌向的地区是新俄罗斯地区和伏尔加河下游地区。

四 新俄罗斯地区和伏尔加河流域部分地区的人口数量①

新俄罗斯地区的叶卡捷琳诺斯拉夫、塔夫里达和赫尔松 3 个省份的人口数量变动最具代表性，也足以体现该地区人口数量变化状况，具体数据详见表 1.8。

表 1.8 新俄罗斯地区中叶卡捷琳诺斯拉夫、塔夫里达和赫尔松 3 个省份的人口数量

单位：千人

年份	数量
1768	100
1787	808.6
1819	1048.6
1838	1935.3
1856	2783.0
1862	3141.7

自 1787 年新俄罗斯地区并入俄国以来至 1862 年，上述 3 个省份的人口数量增加了 3 倍。

---

① Огановский Н. П. Очерки по истории земельных отношений в России. C. 226.

顿河地区的人口也迅速增加，早期该地区居民以哥萨克为主。1708 年，该地区的哥萨克数量为 28500 人。根据阿尔谢尼耶夫（Арсеньев）的观点，1785 年，哥萨克和农民的总量已达 200000 人。根据施尼茨（Шнитцлер）的观点，1838 年，当地居民的数量已达 640300 人。根据叶利谢耶夫（Елисеев）的观点，1862 年，当地居民的数量已达949700 人。

总体而言，1838 年，整个新俄罗斯地区（加上比萨拉比亚）的人口总量达 3295600 人，到 1862 年，人口数量则达 5117700 人。其中，一半以上的移民人口来自旧俄罗斯地区和第一移民区。

伏尔加河流域是俄国人口主要分布区之一，其数量也值得探究，1782~1856 年部分省份的男性农民数量详见表 1.9。

表 1.9　1782~1856 年伏尔加河流域部分省份的男性农民数量

单位：千人

省份	年份	男性农民数量
萨拉托夫	1782	278300
	1858	681300
萨马拉	1856	1479100
阿斯特拉罕	1819	362000
	1856	414500

伏尔加河中游地区的人口增长速度比伏尔加河下游地区的人口增长速度更快。如果加上新俄罗斯地区，1862 年它与伏尔加河中下游流域的人口总量在 700 万~800 万人。

五　1762～1858年国家农民和地主农民的数量变化[①]

俄国农民是社会最底层，其中数量最多的是国家农民和地主农民，相较而言，皇室农民、领有农民和教会农民的数量较少，而国家农民和地主农民的数量足以代表农民的总体状况。

1762～1858年国家农民和地主农民的数量详见表1.10。

表 1.10　1762～1858 年国家农民和地主农民的数量

单位：千人

年份	国家农民	地主农民
1762	5759.1	6678.2
1796	6505.7	8699.8
1811	7550.7	10444.6
1836	8915.5	11965.8
1851	9827.9	10708.8
1858	10614.4	9803.2

1762～1858 年，国家农民的数量增加了约 486 万人，地主农民的数量增加了约 313 万人。前者数量的增加主要依靠居民的自然增长，而后者数量的增加则主要源于人为原因。在叶卡捷琳娜二世和保罗一世在位期间，小俄罗斯地区的农民农奴化趋势开始衰落，很多农民分配到了土地，自愿成为农奴的农民除外。1836 年之后，地主农民的数量开始下降。此时期是俄国徭役制度最发达的时期，对农民的剥削也达到了顶峰。

---

① Огановский Н. П. Очерки по истории земельных отношений в России. С. 237, 241。数据由奥加诺夫斯基（Н. П. Огановский）从施尼茨勒（Шнитцлер）那里获取。

国家农民数量的增加主要源于新征服地区的人口增加，新征服地区的很多居民均成为国家农民。

由表 1.11 中的数据可知，1782～1858 年，国家农民的数量增加了 77.8%，而地主农民的数量只增加了 26.5%。

表 1.11　1782～1858 年国家农民和地主农民的数量

单位：千人

年份	国家农民	地主农民
1782	4012.1	5089.9
1796	4513.4	5694.3
1811	5112.5	6231.0
1835	—	6737.5
1858	7131.3	6439.8

地主农民的数量减少并不是受人口迁移的影响，俄国绝大多数地区均出现了该状况。1835～1858 年俄国各地区地主农民的数量变化详见表 1.12。

表 1.12　1835～1858 年俄国各地区地主农民的数量变化

单位：千人，%

地区	1835 年	1858 年	增长率
北方地区	101.6	108.2	6.5
东北部地区	317.7	262.4	-17.4
西北部地区	535.0	507.5	-5.1
莫斯科工业区	2308.2	2188.0	-5.2
中部农业区	2186.6	2117.1	-3.2
伏尔加河中游地区	1294.4	1256.6	-2.9

1835～1858 年，只有北方地区的地主农民数量有所增加，总体而言，俄国各地区地主农民的数量均开始减少。

农民总量中地主农民的占比逐渐下降：1678 年占比为 67%，1743 年占比为 53.7%，1796 年占比为 53.1%，1858 年占比为 47.4%。

在地主农民占比特别高的地区，农村人口的总体增长趋势要弱得多，具体数据详见表 1.13。

表 1.13　1858 年俄国各地区地主农民和国家农民占男性人口的比例

单位：%

地区	地主农民	国家农民	1782~1858 年农村人口总体增长率
莫斯科工业区	66.5	33.5	19.3
西北部地区	62.6	37.4	15.6
中部农业区	51.0	49.0	64.5
伏尔加河流域中部地区	44.1	55.9	66.7
北部地区	18.1	81.9	32.4
东北部地区	14.1	85.9	95.9

在以上所有区域，除北部地区之外（因特殊的自然和地理条件），农业居民的总体增长率均低于地主农民的增长率。

六　第3次、第8次和第9次人口调查中国家农民和地主农民的数量[①]

1763~1766 年，大俄罗斯和西伯利亚地区共有 7153890[②] 名男性农民，各类男性农民的具体占比详见表 1.14。

[①]　Семевский. В. И. Крестьяне в царствование Екатерины Ⅱ. Т. Ⅰ. Изд. 2. Спб., 1903. С. Ⅷ. Пичета. В. И. История народного хозяйства в России ⅩⅨ－ⅩⅩ в. в. М., 1922. С. 100.

[②]　此数据大于表 1.14 中各类农民的总和（7093890 人），究其原因是有部分农民并没有被纳入表 1.14 的统计数据中，如教会农民和修道院农民。——译者注

表 1.14　1763~1766 年大俄罗斯和西伯利亚地区
各类男性农民的数量及占比

单位：人，%

农民类别	男性农民数量	占比	占比总计
国家农民	1815051	25.4	
经济农民	931761	13.8	46.1
皇室农民	494358	6.9	
领有农民	47647	0.7	53.9
地主农民	3805073	53.2	

注：领有农民的统计数据不包含圣彼得堡省。

19 世纪 30~50 年代大俄罗斯和西伯利亚地区各类男性农民的数量占比详见表 1.15。

表 1.15　19 世纪 30~50 年代大俄罗斯和西伯利亚地区
各类男性农民的数量占比

单位：%

农民类别	第 8 次人口调查数据（1835 年）*	第 9 次人口调查数据（1851 年）
国家农民	42.06	44.66
皇室农民	3.54	3.97
领有农民	2.4	2.07
地主农民	51.84	49.3

＊1835 年各类男性农民占比合计为 99%，原著如此，不做改动。——编者注

根据第 3 次人口调查数据，国家农民的占比为 46.1%[1]；根据第 8 次人口调查数据，国家农民的占比为 45.6%[2]；根据第 9 次人口调

① 纯国家农民的占比为 25.4%，但按 19 世纪初农民分类，经济农民和部分皇室农民也被纳入了国家农民行列，故原著数据为 46.1%。——译者注
② 作者将国家农民和皇室农民核算在一起，纯国家农民占比为 42.06%。——译者注

查数据，国家农民的占比为 48.63%①。根据第 3 次人口调查数据，地主农民的占比为 53.9%②；根据第 8 次人口调查数据，地主农民的占比为 54.4%；根据第 9 次人口调查数据，地主农民的占比为 51.37%。这些人口调查数据表明，在农民中地主农民占主导，同时也表明了地主农民数量逐渐减少。

七 第5~10次人口调查中地主农民的数量变动情况③

19 世纪初，地主农民的数量最多，其数量变动也值得深究。根据第 5~10 次人口调查数据，欧俄地区、西伯利亚地区和波罗的海地区地主农民的数量变动详见表 1.16。

表 1.16 第 5~10 次人口调查中欧俄地区、西伯利亚地区和波罗的海地区地主农民的数量变动

单位：人

人口调查时间	地主农民数量
第 5 次人口调查	9889680
第 6 次人口调查	10416813
第 8 次人口调查	10872229
第 9 次人口调查	10708856
第 10 次人口调查	10699136

注：表中数据为男性农民数量。第 8 次人口调查期间解放了 416013 名农奴。

---

① 作者将国家农民和地主农民核算在一起，纯国家农民占比为 44.66%。——译者注
② 因大多数领有农民属于地区，所以作者将其纳入了地主农民行列，纯地主农民占比为 53.2%。——译者注
③ Семевский. В. И. Крестьянский вопрос. Т. Ⅱ. Спб., 1888. С. 570.

八 第8~10次人口调查中不同类别 地主农民的数量变动情况①

第8~10次人口调查中不同类别地主农民的数量变动情况详见表1.17。②

表1.17 第8~10次人口调查中不同类别地主农民的变动情况

单位：人

类别	第8次 人口调查	第9次 人口调查	第10次 人口调查
法令规定的农民	22077623	21612153	21625609
有条件的农民*	228375	233609	354324
小计	22305998	21845762	21979933
各部门的地主农民	376521	86933	40554
工厂主的农民	95571	435021	542599
总计	22778090	22367716	22563086

*有条件的农民是指前波兰王国和立陶宛大公国某些类别的农民（所有制农民、领地农民、封地农民等）以及义务农民。——译者注

---

① Троницкий. А. Крепостное население России по 10-й народной переп. Спб., 1859. С. 52 и 54.
② 其他学者的著作中也对该问题进行了分析，详见下表。

第8~10次人口调查中俄国男性农民数量

时期	男性地主农奴		非农奴男性农民		所有男性农民总计	
	数量（千人）	与1812年相比增长率（%）	数量（千人）	与1812年相比增长率（%）	数量（千人）	与1812年相比增长率（%）
第8次人口调查	10872.2	4.4	10550.0	39.7	21422.2	19.2
第10次人口调查	10858.4	4.2	12800.0	69.5	23658.4	31.7

资料来源：Рашин А. Г. Население России за 100 лет（1813–1913гг）. Статистические очерки. М., Государственное статистическое издательство, 1956. С. 34。

1858 年，在俄国每 100 名男性人口大约对应 101 名女性人口，就地主农民而言，每 100 名男性人口对应着 105.16 名女性人口。

根据第 8~10 次人口调查的数据，男性和女性地主农民的总数量减少了 42.5 万人①，即减少了 1.8%；相反，俄国男性和女性居民的总人数从 5360 万人增加到 6260 万人（但此数据不包括西伯利亚地区的居民数量，根据第 10 次人口调查数据，西伯利亚地区的人口为 4239534 人），增加了 900 万人，即增加了 16.8%（这一数据不包括波兰王国、芬兰、正规军和奥伦堡军事机构中的吉尔吉斯人）。

19 世纪 30~50 年代，受农奴制的影响，地主农民的增长趋势消失了。

第 8 次人口调查数据中工厂主领有的农民数据争议很大。依照柯本院士（Кёппен）的观点，根据第 8 次人口调查数据，工厂主领有的农民数量为 406494 人。

九　第4次和第10次人口调查中大俄罗斯各省份地主农民占比②

第 4 次和第 10 次人口调查中大俄罗斯各省份地主农民占比详见表 1.18。

---

① 原文数据如此，与表 1.17 的数据差异较大，有可能是此处将边疆地区的地主农民也核算进去了。——译者注

② Семевский. В. И. Крестьяне в царствование Екатерины Ⅱ. Т. Ⅰ. С. ⅩⅠ и 584–585. Троницкий. А. Крепостное население России по 10 – й народной переписи. Спб., 1859. С. 85–86. 选取了 18 世纪末进行土地测量的省份。

表 1.18 第 4 次和第 10 次人口调查中大俄罗斯 各省份地主农民占比

单位：%

分组	省份	农村人口中地主农民占比（第 4 次人口调查）	农村人口中地主农民占比（第 10 次人口调查）
I	斯摩棱斯克	80	69
I	圣彼得堡	73	24
I	普斯科夫	72	54
I	特维尔	64	50
I	诺夫哥罗德	55	43
II	雅罗斯拉夫	76	57
II	科斯特罗马	72	57
II	下诺夫哥罗德	69	59
II	弗拉基米尔	67	57
II	莫斯科	66	39
III	卡卢加	83	62
III	土拉	80	69
III	梁赞	75	57
III	奥廖尔	68	47
III	奔萨	51	46
III	库尔斯克	47	40
III	唐波夫	45	40
III	沃罗涅日	37	27
IV	沃洛格达	34	23
IV	乌法	21	—
IV	喀山	18	14
IV	奥洛涅茨	6	4
IV	维亚特卡	2	3

资料来源：表中圣彼得堡和雅罗斯拉夫的占比数据源自第 5 次人口调查。

根据第 3 次人口调查，地主农民几乎占大俄罗斯和西伯利亚所有农民总量的 53%；而根据第 10 次人口调查，地主农民占农民总量的 34%。

大俄罗斯不同省份地主农民的分布很不均匀。在西北地区、中部工业区和中部农业区，地主农民较为密集，也就是说，贵族土地所有权早在莫斯科公国时期就已发展起来，当时广泛流行将土地分配给贵族的做法。

十 1859年俄罗斯各省地主农民的数量占比①

1859年俄罗斯各省地主农民的数量占比详见表1.19。

表1.19 1859年俄罗斯各省地主农民的数量占比

单位：%

分组	序号	省份	占比
人口总量中地主农民占比为50%及以上	1	斯摩棱斯克	69.07
	2	土拉	68.94
	3	莫吉廖夫	64.69
	4	卡卢加	61.80
	5	明斯克	59.74
	6	库塔伊西总督区	59.71
	7	波多利斯克	59.54
	8	下诺夫哥罗德	58.97
	9	弗拉基米尔	57.91
	10	基辅	57.66
	11	科斯特罗马	57.41
	12	维捷布斯克	57.08
	13	雅罗斯拉夫	57.07
	14	沃伦	56.54
	15	梁赞	56.50
	16	普斯科夫	53.81
	17	特维尔	50.63

---

① Троницкий. А. Крепостное население России по 10-й народной переписи. С. 40 и 50，85-86.

续表

分组	序号	省份	占比
人口总量中 地主农民占比 为25%~50%	18	奥廖尔	47.26
	19	奔萨	46.25
	20	维尔纳	45.93
	21	诺夫哥罗德	43.07
	22	格罗德诺	40.97
	23	萨拉托夫	40.97
	24	库尔斯克	39.99
	25	唐波夫	39.87
	26	莫斯科	38.84
	27	辛比尔斯克	38.83
	28	切尔尼戈夫	37.61
	29	波尔塔瓦	37.47
	30	科夫诺	36.90
	31	彼尔姆	32.21
	32	顿河哥萨克军区	31.91
	33	叶卡捷琳诺斯拉夫	31.51
	34	赫尔松	31.27
	35	哈尔科夫	29.77
	36	沃罗涅日	26.94
人口总量中 地主农民占比 为10%~25%	37	圣彼得堡	24.03
	38	沃洛格达	22.89
	39	第比利斯	21.46
	40	萨马拉	15.32
	41	喀山	13.89
	42	奥伦堡	11.81

续表

分组	序号	省份	占比
人口总量中 地主农民占比 为 1%~10%	43	塔夫里达	5.97
	44	奥洛涅茨	3.99
	45	维亚特卡	2.64
	46	阿斯特拉罕	2.60
	47	斯塔夫罗波尔	2.41
	48	比萨拉比亚	1.17
人口总量中 地主农民 占比低于 1%	49	阿尔汉格尔斯克	0.009
	50	叶尼塞	0.09
	51	外贝加尔	0.001
	52	托木斯克	0.06
	53	雅库特	0.003
	54	托博尔斯克	0.31
	55	伊尔库茨克	0.16

在库尔兰、利夫兰、埃斯特兰、黑海哥萨克军区、吉尔吉斯斯坦地区、杰尔宾特和里海地区、谢马哈、埃里温和滨海边疆区、东西伯利亚和塞米巴拉金斯克地区没有地主农民。

地主农民人口集中的省份主要分布在莫斯科公国和立陶宛公国的旧地上。

在俄国后来兼并的领土中，如乌拉尔地区、伏尔加河中下游地区和黑海南部地区，地主农民的数量很少。北方地区地主农民的数量也不多，这里的贵族土地所有制无法建立，只因此处封建生产关系薄弱，居民主要从事手工业生产，所以没有必要安置地主。西伯利亚的地主农民也很少，波罗的海各省则完全没有，那里的很多农民摆脱了农奴制的束缚，同时也摆脱了亚历山大一世政府对土地以及一些边境地区政策的束缚。

十一 农奴解放之前地主奴仆①的数量增长②

农奴解放之前地主奴仆的数量增长详见表 1.20。

表 1.20 农奴解放之前地主奴仆的数量增长

单位：人

年份	数量
1836	914529
1851	1035924
1858	1467378

第 8 次和第 10 次人口调查中地主奴仆占农民总量的比例详见表 1.21。

表 1.21 第 8 次和第 10 次人口调查中地主奴仆占农民总量的比例

单位：%

地区	第 8 次人口调查	第 10 次人口调查
北方地区	3.3	3.8
西北部地区	6.9	5.6
莫斯科工业区	7.1	5.2
中部农业区	8.1	11.8
伏尔加河中游地区	4.6	5.7
东北部地区	4.7	4.8

---

① 也称之为俄国农奴时代地主家用的佣人和奴婢。——译者注

② Огановский Н. П. Наделение землей помещичьих крестьян. М., 1913. Троницкий. А. Крепостное население России по 10 – й народной переписи. Лосицкий. А. Хозяйственное отношение накануне падения крепостного права, в № 11, Образования, 1906.

第9次人口调查中部分省份地主奴仆的增长率详见表1.22。

表1.22　第9次人口调查中部分省份地主奴仆的增长率

单位：%

省份	增长率
赫尔松	328
切尔尼戈夫	319
叶卡捷琳诺斯拉夫	267
哈尔科夫	230
波尔塔瓦	220
沃罗涅日	58
库尔斯克	56
奔萨	40
奥廖尔	30

就农民总体数量而言，第8次人口调查中，地主奴仆的数量占农民总量的4.14%；第9次人口调查中，地主奴仆的数量占农民总量的4.79%；第10次人口调查中，地主奴仆的数量占农民总量的6.79%。但在新俄罗斯地区、小俄罗斯地区和中部黑土区省份，这一比例要高得多，具体数据详见表1.23。

表1.23　新俄罗斯地区、小俄罗斯地区和中部黑土区各省份
中地主奴仆占农民总量的比例

单位：%

省份	占比
赫尔松	24
库尔斯克	24
哈尔科夫	24
叶卡捷琳诺斯拉夫	21
塔夫里德	15
沃罗涅日	15
波尔塔瓦	14
奥廖尔	14
唐波夫	12
切尔尼戈夫	11

在第 9 次和第 10 次人口调查期间，地主奴仆的数量增长尤为强劲，这一点在农业省份表现得尤为明显。究其原因是，面对即将到来的农奴制改革，贵族们希望尽可能多地剥夺农民的财产，以保留尽量多的土地。

以前，地主奴仆为主人提供各种服务。随着商品货币关系在俄国的快速发展，在工业区，地主奴仆被地主们释放，他们接受一些技能培训后，被工厂或者手工作坊雇用；在农业地区，他们被迫从事各种劳动。科舍列夫（Кошелев）认为，农业区的地主奴仆实际上是"领取月粮的地主农民"。

需着重强调的是，以上列举的地主奴仆是地主农民的一个特殊类别。同时，在现实中，在地主的庄园中还存在一些特殊职位，地主为他们发放工资或供养他们的生活，如看守人、牧牛人和铁匠等，在超过 100 人的庄园内都可看到这些工种。部分省份地主奴仆及地主庄园内奴仆和工匠的占比详见表 1.24。

表 1.24 部分省份地主奴仆和地主庄园内奴仆和工匠的占比

单位：%

省份	地主奴仆的占比	地主庄园中奴仆和工匠的占比
沃洛格达	2.89	4.22
普斯科夫	3.73	4.76
特维尔	4.19	5.67
诺夫哥罗德	4.21	5.77
土拉	6.03	6.66
沃罗涅日	6.60	9.52
萨马拉	7.24	8.25
哈尔科夫	11.33	16.00

十二 18世纪和农奴制改革前夕缴纳代役租
和劳役地租农民的占比①

　　俄国农民的地租主要分为两大类：一是劳役地租；二是货币地租。部分货币地租也被称为代役租，即农民用货币赎买劳役和实物地租。19 世纪中叶缴纳代役租和劳役地租农民的占比详见表 1.25。

表 1.25　19 世纪中叶缴纳代役租和劳役地租农民的占比

单位：%

地区	代役租	劳役地租
大俄罗斯地区		
阿斯特拉罕	87.0	13.0
非黑土区省份	58.9	41.1
黑土区省份	28.8	71.2
伏尔加河沿岸各省	26.7	73.3
东部草原各省	17.0	83.0
乌拉尔北部各省	9.8	90.2
西北部各省	7.6	92.4
顿河哥萨克军区	2.8	97.2
小俄罗斯地区		
乌克兰右岸地区	2.6	97.4
乌克兰左岸地区	0.7	99.3
新俄罗斯草原地区	0.1	99.9
平均	28.1	71.9

---

　① Игнатович. И. И. Помещичьи крестьяне на кануне освобождения. С. 53. Семевский. В. И. Крестьяне в царствование Екатерины Ⅱ. Т. I. С. 48 и след. Пичет В. И. Крепостное хозяйство накануне реформы, в юбил. изд., Великая реформа. Т. Ⅲ. М., 1911. С. 124.

为了更好地进行对比，笔者还选取了部分 18 世纪的资料，具体内容详见表 1.26。

表 1.26　18 世纪和农奴制改革前夕俄国部分黑土区省份和非黑土区省份缴纳代役租和劳役地租农民的占比

单位：%

区域	18 世纪		农奴制改革前夕			
12 个非黑土区省份	代役租	劳役地租	超过 100 人的庄园		所有庄园	
			代役租	劳役地租	代役租	劳役地租
	55	45	69.47	30.33	59.9	41.1
7 个黑土区省份	26.1	73.9	32.23	67.77	28.8	71.2

由表 1.26 中数据可知，18 世纪，在 12 个非黑土区省份中，缴纳代役租的农民占比为 55%，到农奴制改革前夕，在超过 100 人的庄园中其占比达 69.47%。究其原因是，这里大工业和手工业相对发达，实施代役租能给地主带来更多的利润，这一点在土壤状况不佳和气候条件恶劣的农业区表现得尤为明显。

至于黑土区省份，从 18 世纪到农奴制改革前夕，在所有地主庄园中，缴纳代役租的农民占比虽然有所增加，但增幅不大：其占比从 26.1%增加到 28.8%。农奴制改革前夕，在 7 个黑土区省份，在超过 100 人的庄园中，缴纳代役租的农民占比达 32.23%。出现这种状况的原因是，俄国农业逐渐融入世界农产品市场之中，农产品大量出口，由于该地气候适宜，农业生产可获得高额利润，所以这些地区代役租的推广速度较慢，地主还要依靠农民的劳动获取高额利润。

大地主这样做的原因是可以理解的，在代役租下，地主只能依靠自己的生产资料和雇佣劳动力来经营庄园，这一切都需要充足的资金作为保障，而小地主则没有流动资金。

尽管整个黑土区省份缴纳劳役地租的农民普遍增加，但在个别省份，我们依然可以看到缴纳劳役地租农民的数量明显增加。

从 18 世纪末到农奴制改革前夕，土拉省和库尔斯克省缴纳劳役地租的农民占比下降，土拉省从 92% 下降到 74.61%，库尔斯克省从 92% 下降到 75.47%，而其他省份则上升（具体数据详见表 1.27）。

表 1.27　缴纳劳役地租农民增加的省份

省份	占比上升情况
沃罗涅日	从 36% 上升到 55%
奥廖尔	从 66% 上升到 72%
奔萨	从 48% 上升到 75%

值得一提的是，上述省份的大量地主没有办法转向理性经营，不能适时地调整产业结构，他们仍然试图通过压榨农民的免费劳动力获取高额利润。

十三　19世纪上半叶颁布农民解放法令而获得人身自由的地主农民数量[1]

1861 年农奴制改革之前，因国内矛盾逐步激化，俄国政府颁布法令解放农民，只是因贵族地主的反对，获得自由的地主农民数量不多。1801 年、1819 年、1840 年、1842 年和 1847 年法令解放的地主农民数量详见表 1.28。

---

[1]　Игнатович. И. И. Помещичьи крестьяне. С. 283 – 287；Туган – Барановский М. И. Русская фабрика. Изд. 3. СПб. , 1907. С. 133.

表 1.28　1801 年、1819 年、1840 年、1842 年
和 1847 年法令解放的地主农民

单位：人

法令	解放的地主农民数量
1801 年颁布的关于解放自由耕种者的法令	107796
1819 年颁布的关于解放波罗的海地区农民的法令	416013
1840 年颁布的允许恢复工厂内领有工人自由的法令	20000（仅男性）
1842 年颁布的关于农民义务的法令	59998
1847 年颁布的在公开拍卖地产时允许地主农民自行赎身的法令	964

十四　18世纪末和19世纪中叶贵族的经济分层①

贵族是俄国的特权等级，是国家高级官员的主要来源，亦是维系沙皇专制制度的基础。虽然贵族拥有诸多特权，但随着他们数量的增加，加上社会经济状况的改变，部分贵族不再拥有土地和农奴，最后土地和农奴集中于少数贵族的手中，显而易见，贵族们也发生了分化。

18 世纪末和 19 世纪中叶贵族的经济分层详见表 1.29。

---

① Игнатович. И. И. Помещичьи крестьяне на кануне освобождения. С. 85 – 86. Пичет В. И. История народного хозяйства в России XIX – XX вв. C. 35 и103. Троницкий. А. Крепостное население России по 10 – й народной переписи. C. 67.

表 1.29　18 世纪末和 19 世纪中叶贵族的经济分层

单位：人，%

第 8 次人口调查

贵族地主类型	数量	占比	他们拥有的农奴数量	占比	每名贵族地主拥有农民的平均数量
无土地的贵族地主	17763	14.0	62183	0.6	3
拥有 20 名以下农民的贵族地主	58457	45.9	450037	4.1	6
拥有 20～100 名农民的地主	30417	24.0	1500357	13.9	49
拥有 100～500 名农民的地主	16740	13.2	3634194	33.9	217
拥有 500～1000 名农民的地主	2273	1.8	1562831	14.5	688
拥有 1000 名及以上农民的地主	1453	1.1	3556959	33.0	2448

第 10 次人口调查

贵族地主类型	数量	占比	他们拥有的农奴数量	占比	每名贵族地主拥有农民的平均数量
无土地的贵族地主	3633	3.5	12045	0.1	3
拥有 20 名以下农民的地主	41016	39.5	327534	3.1	8
拥有 20～100 名农民的地主	35498	34.2	1666073	15.8	47
拥有 100～500 名农民的地主	19930	19.2	3925102	37.1	197
拥有 500～1000 名农民的地主	2421	2.3	1569888	14.9	648
拥有 1000 名及以上农民的地主	1382	1.3	3050540	29.0	2207

在土地数量众多的省份，政府采取了诸多措施保护贵族地主，其目的是防止无土地和少土地贵族数量的减少。至于无土地贵族拥有的地主农民数量减少，其中最重要的原因之一就是 1841 年禁止无领地贵族征用农民以及出售农民。

根据第 8 次人口调查，贵族中无土地贵族和少土地贵族的数量最多，他们占贵族总量的 59.9%，但仅拥有地主农民总数的 4.7%。有封地中等土地贵族的占比为 24%，他们拥有的农民数量占全部地主农民总量的 13.9%。拥有超过 100 名地主农民的贵族占比为 16.1%，他们掌握着全部地主农民的 81.4%，而拥有 500 名地主农民以上的大贵族的农民数量占全部地主农民总量的 47.5%。由于"无产阶级"贵族在数量上占优势，从第 8 次人口调查后就可看出，俄国是一个以"大奴隶制"为主的古老国家，2.9% 的大贵族掌控了全部地主农民总量的 47.5%。

第 10 次人口调查的数据仅出现了微小的变动。无土地贵族和少土地贵族的占比从 59.9% 减少到 43%，与此同时，他们手中的地主农民的占比仅为 3.2%，已不是 4.7%。这意味着约有 16% 的无封地贵族和小贵族被迫变卖财产。中等土地贵族的数量大幅增加，其占比由 24% 增加到 34%，但其拥有的地主农民占比仅有少量增长。这些数据表明贵族土地所有权的碎片化。大贵族的占比从 2.9% 增加到 3.6%，而其拥有的地主农民占比则从 47.5% 降至 43.9%。以上数据足以证明俄国大贵族土地财产碎片化过程的开始。尽管如此，在 1861 年改革前夕，大贵族土地所有制仍然占主导地位。

18 世纪末，有土地贵族也发生了分化，他们拥有的农民数量足以体现这一状况，具体数据详见表 1.30。

表 1.30　18 世纪末有土地贵族的分化状况

单位：%

分组	占比
拥有 10 名以下农民的贵族	32.0
拥有 10~30 名农民的贵族	30.7
拥有 30~60 名农民的贵族	13.4
拥有 60~100 名农民的贵族	7.7
拥有 100 名及以上农民的贵族	16.2
总计	100

以上数据足以表明，贵族土地分化的过程比第 8 次人口调查开始得更早，从 18 世纪末就已出现。

Н. П. 奥加诺夫斯基（Н. П. Огановский）也对这一问题进行了分析，具体数据详见表 1.31。

表 1.31　1694 年和 1835 年贵族拥有农民数量占比

单位：%

年份	拥有 160 户以下居民的贵族（约 500 名男性农民）	拥有 160~320 户居民的贵族（约 500~1000 名男性农民）	拥有 320 户及以上居民的贵族（超过 1000 名男性农民）
1694	74.1	7.3	18.6
1835	52.5	14.5	33.0

相较小贵族而言，中等贵族、大贵族的数量不断增加，1835 年以后，大贵族的数量略有减少，中等贵族的数量则继续增加。

十五 1724～1856年城市人口的增长[1]

从 18 世纪初开始，俄国城市居民的数量明显增加，这是社会经济发展的结果，他们在俄国总人口中的占比也逐年提升。

1724～1856 年城市人口的增长规模详见表 1.32。[2]

表 1.32 1724～1856 年城市人口的增长规模

单位：%，人

年份	占总人数的比例	绝对数量
1724	3.0	328000
1796	4.1	1301000
1812	4.4	1653000
1835	5.8	3025000
1851	7.8	3482000
1856	8.9	5684000

注：1856 年统计数据源自施恩普茨勒。

---

[1] Милюков П. Н. Очерки по истории русской культуры. Ч. I. C. 114；Огановский Н. П. Очерки по истории земельных отношений в России. С. 262.

[2] 其他学者也对俄国城市居民数量进行了分析，1811～1863 年欧俄城市居民的数量变化详见下表。

1811～1863 年欧俄城市居民数量变动状况

单位：千人，%

年份	城市居民数量（千人）	与 1811 年相比增长
1811	2765	—
1825	3329	20.4
1840	4666	68.8
1856	5684	105.6
1863	6105	120.8

资料来源：Рашин А. Г. Население России за 100 лет (1813–1913гг). Статистические очерки. М.，Государственное статистическое издательство，1956. С. 86。

由表 1.32 可知，近一个半世纪，俄国城市人口的占比从 3% 增长至近 9%。尽管如此，19 世纪上半叶，俄国仍然是一个农业大国。俄国的经济逐渐失去了自然经济的某些特征，国内外市场的影响日渐突出，这种结果可归结为内部和外部影响两个层面。内部影响是指城市经济的发展和俄国北部地区手工生产的专业化，外部影响主要是指英国对俄国原材料的需求不断增加。

由于 18 世纪下半叶的工业革命，英国率先成为先进的资本主义国家，19 世纪初，英国城市人口的占比已超人口总量的 1/6，1832 年超过 1/4，1851 年超过 50%，达 50.08%，英国的城市化成就十分显著。[1]

十六　18世纪中叶工商业居民的成分和数量[2]

1764 年商业委员会颁发的《全俄罗斯商人阶层状况》声明记录了俄国的 131 个工商业区，各区域内工商业居民的成分详见表 1.33。

表 1.33　18 世纪中叶工商业居民的成分

单位：%

类别	占比
在口岸和边境海关从事贸易的商人	1.9
在自己城市的商店内从事贸易的商人	40.7
工匠	15.4
靠干粗活为生的手工业者（劳工）	42.0

---

① Зомбарт В. Современный капитализм. Т. II. СПб. ，1905. C. 152–153.

② Кизеветтер. А. А. Посадская община в России XVIII ст. М. ，1903. C. 141 и 145；Семевский. В. И. Крестьяне в царствование Екатерины II. Т. I. Изд. 2. Спб. ，1903.

18 世纪商人和行会人员的数量详见表 1.34。

表 1.34　18 世纪商人和行会人员的数量

单位：人

类别	第 2 次人口调查数据	第 3 人口调查数据
商人	105109	181402
行会人员	11647	8797
在奥伦堡从事贸易的鞑靼人	—	2174

注：表中数据为男性人口数量。

工商业人口是 18 世纪城市居民的重要组成部分，所有从事商业和工业活动的居民均需缴纳工商业税，所以部分学者将其称为工商业居民。18 世纪中叶，城市人口的构成并没有显著的变化。城市内主要存在着 3 个收入或资本不同的商人群体，即第一基尔德商人、第二基尔德商人和第三基尔德商人，还包括行会人员和劳工。商人是工商业区内最富有的居民，要成为工商业区的第一基尔德商人，需要持有一定的资本。不同地区跻身为第一基尔德商人的资本差异很大，如在卡申（Кашин），拥有 100～500 卢布资本就可成为第一基尔德商人，诺夫哥罗德北部第一基尔德商人的资本额为 150～5000 卢布，德米特里耶夫斯克（Дмитриевск）第一基尔德商人的资本额为 500～1000 卢布。波索什科夫（Посошков）将拥有 1000～10000 卢布资本的城市居民列为富商，各地拥有 10 万卢布以上资本的商人数量不多。例如，在阿尔汉格尔斯克，只有 3 个商人拥有的资本超过了 10 万卢布。在托特马（Тотьма）有数位这样的富商，他们专门与西伯利亚地区的居民进行贸易。从 18 世纪上半叶开始，富商们开始创建工厂和企业。部分商人还可获得等级提升，可跻身为贵族阶层。与此同时，工厂主和商人均不需缴纳城镇居民税和人头税。

十七　第8次人口调查中俄国纳税人口的构成①

维系国家机构的正常运转，以及防御外敌入侵，均需要充足的财政作为支撑，因此，纳税人口颇为重要。第 8 次人口调查中俄国纳税人口的构成详见表 1.35。

表 1.35　第 8 次人口调查中俄国纳税人口的构成

单位：人

类别	数量
商人	123796
市民和行会人员	1239750
国家农民	7437971
份地和宫廷农民	733659
地主农民	11260354
纳税阶层总计	20795530

注：表中数据为男性人口数量。

值得一提的是，在俄国的纳税阶层中，除农民和市民外，还有很多其他等级的居民，如商人和行会人员等。表 1.35 中的数据主要源于戈尔洛夫（Горлов）的数据，这一数据完全证实了 A. 哈克索森（A. Гакстгаузен）的观点，即"在 19 世纪 40 年代的俄国，资产阶级的发展才刚刚开始"。此时，俄国的工商业者主要分布于北部和中部的工业省份，而在南部和东部地区则较少。

---

① Берлина. П. А. Русская буржуазия в прошлом и настоящем. М.，1922. C. 70.

十八 1851年商人等级的构成
（按经济状况和宗教特点划分）[①]

商人是城市居民的重要组成部分，18 世纪他们拥有众多手工工场，至 19 世纪初商人等级最终形成。根据财产状况，商人分为第一基尔德、第二基尔德和第三基尔德商人，就数量而言，第三基尔德商人占主导。19 世纪上半叶，虽然商人的政治特权不多，但其经济地位仍不容忽视。

1851 年商人等级的构成详见表 1.36。

表 1.36 1851 年按信仰划分的商人等级构成

单位：人

商人类别	第一基尔德商人	第二基尔德商人	第三基尔德商人	总计
基督教信徒	1440	5005	137193	—
犹太教信徒	467	891	28809	—
伊斯兰教信徒	9	91	4197	—
合计	1916	5987	170199	178102

俄国境内民族众多，各民族均有不同的宗教信仰，但与神职人员的规模相比，商人的规模显得微不足道。3 个基尔德商人共计 178102 人，而此时教会神职人员有 277695 人。19 世纪上半叶，商人的数量明显增加。1822 年其数量为 5.9 万人，1825 年达 7.75 万人。[②] 第 8 次人

---

① Берлина П. А. Русская буржуазия. М. , 1920. С. 70-71.
② Колокольников П. Н. Хозяйство России после войны 1812.//Отечесвтенная война и русское общество. М. , 1912. С. 119.

口调查显示，商人的数量达 123706 人。

　　与 18 世纪相比，19 世纪前 25 年商人数量明显下降，究其原因是，叶卡捷琳娜二世执政末期，缴纳人头税的商人等级中还包括一些城镇居民，他们用缴纳行会费代替了人头税，但由于他们缺乏资金，最终仍被划入了市民阶层的范畴。

十九　亚历山大一世时期农民为获得自由
而支付的赎金[①]

　　从 19 世纪初开始，在政府的号召之下，以及在其他因素的共同作用之下，部分贵族地主开始解放农奴。在亚历山大一世执政末期，共有 28944 名地主农民获得了自由，他们支付的赎金详见表 1.37。

表 1.37　亚历山大一世执政末期获得自由的农民所支付的赎金

单位：人，卢布

数量	赎金
900	139～199
7172	200～300
1667	400
14968	500
907	600
3187	700
44	727～757
11	909

---

①　Берлина П. А. Русская буржуазия в старое и новое время. С. 87-89.

续表

数量	赎金
76	1045～1396
2	1864
8	4000
2	5000

值得一提的是，能支付高额赎金获得自由的并不是普通的地主农民，而是从事贸易和手工业的农民，他们因积累了大量的资金而被称为"农民资产阶级"。早在叶卡捷琳娜二世时期，当商品货币关系日益深入国家经济生活之中时，农民资产阶级就开始从农民大众中脱颖而出。

值得一提的是，部分农民，尤其是富裕农民为获得自由而付出了沉重的代价。例如，1820 年，萨瓦·莫罗佐夫（Савва Морозов）向其地主留明（Рюмин）支付了 17000 卢布用于赎身；1822 年，科雷切夫少校（майор Колычев）获得了 320000 卢布的赎金，之后释放了 8 名地主农民；在舍列梅捷夫（Шереметев）家族所掌控的伊万诺沃（Иванов）村，1861 年改革之前，约有 50 个地主农民家庭为获得自由支付了赎金，单位家庭支付的赎金为 2 万卢布。

中部工业区富裕农民为自己赎身的状况十分普遍，这些地区工业发达，形成了诸多大型工商业区，如巴甫洛夫、沃尔姆斯、基姆夫里、舒亚和伊万诺沃等。

二十 1769年、1804年和1825年地主农民、领有农民和雇佣工人的数量变化（采矿业除外）[①]

根据 1721 年 1 月 18 日彼得一世颁布的法令，为鼓励工商业发展，允许商人购买地主农民，这些农民成为第一批领有农民。1762年，在贵族工厂主的极力反对之下，该项法令被废除了，工厂停止购买地主农民。在保罗一世执政时期，政府再次允许非商人的工厂主为自己的企业购买地主农民，但由于当时雇佣工人的数量逐步增加，这项权利不再被广泛推广。

1769 年、1804 年和 1825 年地主农民、领有农民和雇佣工人的数量变化（采矿业除外）详见表 1.38。

表 1.38　1769 年、1804 年和 1825 年地主农民、领有农民和雇佣工人的数量变化（采矿业除外）

单位：人，%

类别	1769 年			1804 年		1825 年		
	数量	占比		数量	占比	数量	占比	
地主农民	5720	12.5	60.4	49577	52.1	66725	31.8	45.7
领有农民	21864	47.9				29328	13.9	
雇佣工人	18093	39.6		45625	47.9	113913	54.3	
总计	45677	100		95202	100	209966	100	

注：1769 年的数据涵盖了手工作坊联合会和管理局管辖下的所有工厂。

---

① Туган-Барановский М. И. Русская фабрика. Изд. 3. Спб. , 1907. C. 85, 89; Семевский. В. И. Крестьяне в царствование ЕкатериныⅡ. Т. I. Изд. 2. Спб. , 1903.

到 18 世纪下半叶，新一批雇佣工人开始出现，他们多是城市底层居民、国家农民和缴纳代役租的农民。

随着俄国的工业越来越多地为自由市场服务，雇佣工人的数量增长得最快，超过了领有农民和世袭工人群体的总量。

与 1769 年相比，到 1804 年，工厂工人的总量增加了 1 倍多，到 1825 年，则增加了 3 倍多。[①] 与此同时，工人的分布也发生了明显变化：1769 年，全体工人中雇佣工人的占比为 39.6%，到 1804 年其占比达 47.9%，1825 年其占比达 54.3%。在此之后，工厂中非雇佣工人的数量占比下降得越来越快。笔者并没有掌握 1825 年之后雇佣工人数量的确切数据，但以下事实足以证明他们的数量增加。一是 19 世纪 30~50 年代，棉纺织工业中的很多大工厂建立之时就广泛使用自由劳动力。1836 年，该工业部门中雇佣工人的数量为 105878 人，而此时工厂内所有工人的总数为 324203 人。1804 年，棉纺织工厂内雇佣工人从业人数占工厂工人总量的 7%，

[①] 　为便于对比，译者也寻找到了其他数据，具体数据详见下表。

1825 年俄国各工业部门的生产规模

单位：家，人

生产部门	工厂数量	工人总数	自由雇佣工人数量
呢绒	324	63603	11705
棉纺织	484	47021	44535
亚麻	196	26832	18720
丝织	184	10204	8481
造纸	87	8272	2019
炼钢、制针、铸铁	170	22440	4970
制索	98	2503	2303
皮革	1784	8001	7460

资料来源：Туган - Барановский М. И. Русская фабрика в прошлом и настоящем: Историко - экономическое исследование. Т. 1. Историческое развитие русской фабрики в XIX веке. М., Кооперативное издательство «Московский рабочий», 1922. С. 85。

1825 年占比为 21%，1836 年占比为 32%。随着棉纺织工业的发展，雇佣工人的数量增加。二是在曾经以农奴劳动力为主的呢绒工业，19 世纪 40 年代，雇佣工人为自由市场生产了多达 900 万俄尺的呢绒，还为国库供应了约 400 万俄尺的呢绒，但在专门为士兵生产呢绒的工厂中仍使用农奴劳动。三是雇佣工人数量的增加也可以通过普遍使用地主农民劳动的贵族工厂数量的下降来证明。1832 年，在 5599 家工厂中，有 862 家贵族工厂，占比为 15%。19 世纪 40 年代末，近 10000 名工人中只有约 500 名农奴工人，其占比仅为 5%。

农奴制改革前夕（1860 年），除采矿工厂外，所有工厂内雇佣工人的数量为 565142 人。

二十一　采矿工人[①]

18 世纪，乌拉尔的冶金工业快速发展，采矿业也蓬勃发展，因劳动力有限，政府将很多地主农民划拨给工厂，这些地主农民被称为领有工人，他们一度成为工厂劳动的主力，这种状况一直持续至 19 世纪上半叶。

（一）被分配到采矿业的地主农民数量

被分配到采矿业的地主农民数量详见表 1.39。

---

① Паябитнов. К. А. Положение рабочего класса в России. Т. I. Птр.，1923. C. 17 и след. Троницкий. А. Крепостное население России по 10 - й народной переписи. C. 47.

表 1.39 被分配到采矿业的地主农民数量

单位：人

年份	总人数	国有工厂	内阁工厂	私营工厂
1719	31383	—		
1741~1743	87253	63054	—	24199
1762	188594	144192	—	44402
1781~1783	263949	209554	—	54395
1794~1796	312218	241253	—	70965
1854	170444	24957	145487	—

注：表中数据为男性数量。

　　将地主农民送到工厂内工作始于 17 世纪。1633 年，斯摩棱斯克省的 250 户农民共计 347 人首次被分配到维尼乌斯（Виниус）的土拉工厂。彼得一世时期，这一政策得到了广泛推广。大量地主农民被分配到国有工厂内工作。安娜女皇执政末期和伊丽萨维塔女皇执政初期，大量国有采矿工厂转移到贵族手中，分配到国有工厂的农民数量减少到 15000 人，而分配到私营工厂的人数增加至 100000 人。不久之后，很多送到贵族工厂的工人又回到国有工厂中。分配到工厂的地主农民通常不在工厂内工作，而是在工厂外从事诸如砍柴、烧煤和运送物资等杂活。他们通常居住在距离工厂数百俄里的地方，经常在工作时间被迫离开自己的土地，通过工厂劳动来赚取工资，这让他们背负了沉重的负担。基于此，地主农民经常发动动乱，在叶卡捷琳娜二世统治初期，动乱规模尤甚。

　　由于农民起义风起云涌，18 世纪 60 年代，政府不再将农民分配给私营工厂主。19 世纪上半叶，除阿尔泰的奥洛涅茨国有工厂（казенный завод）和内阁工厂（кабинетский завод）外，工厂内的农民可免除义务劳动，条件是必须向工厂提供一定数量的熟练工匠和工人。据统计，分配给彼尔姆省、托博尔斯克省、维亚特卡省、喀山省和奥伦堡省的217115名地主农民之中，有17850名被分配到乌拉尔工厂成为工人。除成为国有工厂的国有工人之外，其余人则到私人工厂务工，成为工厂的工人。

（二）国家矿工和地主农民矿工

第10次人口调查显示，采矿业中男性国有工人和男性地主农民工人共计391000人，其中234567名工人属于私营工厂。

私营工厂内的工人又分为两类：一是拥有财产权或所有权的农民；二是领有农民。上述两类工厂工人的数量分别为71731人和162836人。

（三）采矿工人

1858年采矿工人的数量总计详见表1.40。

表1.40　1858年采矿工人的数量总计

单位：人

类别	数量
分配给国有和内阁工厂的工人数量	170441
国有工厂中国有工人和私营工厂中地主农民工人的数量	391000
总计	561441

以上数据中，直接受雇于工厂的工人数量高达25万人。

（四）各地区采矿工人的数量分布

值得一提的是，在采矿工业的工厂之中雇佣工人的数量是非常少的。

据地方行政部门收集的信息，1850 年，乌拉尔地区各省辖区内的 34219 名工人中只有 806 名是雇佣工人，其占比仅为 2.4%；在奥洛涅茨基地区，2050 名低级雇员和工匠中只有 76 名是雇佣工人；在涅尔琴斯基地区、阿尔泰地区和卢甘斯克地区的工厂内则根本没有雇佣工人。

笔者并未掌握私营企业使用雇佣工人的一般性数据，只查阅到在 1847 年出版的《俄国采矿业简评》（1851 年）中提及，有 3 个以上以雇佣劳动力为主的小型私营工厂，其所有者分别为利佩茨克（Липецкий）的商人米洛瓦诺夫（Милованов）和伊别尔德茨基（Ибердецкий）、梁赞的别吉切夫（Бегичев）上校，以及切列波维茨基（Череповецкий）的商人比利宾（Билибин）。

在西伯利亚的采矿区内拥有诸多雇佣工人，究其原因是在此处使用强迫劳动力工作的尝试失败了。

第二章　农业和畜牧业

一　政府将人口稠密的土地授予贵族[1]

到 1861 年农奴制改革之前，贵族手中掌控的土地数量已达 1.15 亿俄亩。他们手中的土地源于 16～17 世纪莫斯科公国大公分配的领地、18 世纪沙皇赏赐的领地，以及 19 世纪无偿或按最低价格有偿出让给他们的无人居住土地（之前的国有土地）。

除 15 世纪 50 年代 "处置"[2] 给 1000 名贵族的领地，以及伊凡雷帝时期分给贵族的土地之外，贵族还通过各种赏赐获得了大量其他土地，如米哈伊尔·罗曼诺夫为庆祝入主俄国，于 1613 年赏赐给贵

---

① Покровский М. Н. Русской истории. Т. Ⅱ ; Васильчиков А. Землевладение и земледелие. Т. Ⅰ. Спб. , 1876; Семевский В. И. Крестьяне в царствование Екатерины Ⅱ. Спб. , 1906. Пожалование населенных имений при Павле Ⅰ, в № 12, "Русской Мысли" за 1882 г. ; Берлина П. А. Русская буржуазия в старое и новое время. С. 172; Огановский Н. П. Очерки по истории земельных отношений в России. С. 270 и след.

② 这是莫斯科公国向贵族分配财产的说法。

族 4.5 万俄亩的皇室土地和 1.4 万亩黑地①。土地主要分配给贵族和军队的领导人。1627 年前后，达到入伍年龄的贵族也获得了大量土地，他们所得土地主要来自国有土地和黑地。1682～1711 年，贵族获得了 4.35 万户农民家庭和 50.6 万俄亩的耕地。值得一提的是，得到土地最多的是皇亲国戚，如米洛斯拉夫斯基家族（Милославский）、萨尔蒂科夫家族（Салтыков）、纳雷什金家族（Нарышкин）、洛普欣家族（Лопухин）均获得了大量土地。此外，沙皇的宠臣也获得了诸多赏赐，如缅希科夫（Меньшиков）获得了多达 2 万俄亩的土地。

在随后的历任沙皇统治期间，赏赐像以前一样继续。在彼得二世执政期间，多尔戈鲁基（Долгорукий）家族获赐了 4.4 万名农民，切尔卡西（Черкасский）亲王获赐了 4 万俄亩的土地。伊丽萨维塔在获得王位之后赏赐给参与政变的功臣 1.4 万名农民。彼得三世赏赐古多维奇（Гудович）1.5 万名农民。根据瓦西里奇科夫（Васильчиков）的计算，叶卡捷琳娜二世执政之前，贵族通过赏赐总共获得了 38.9 万名农民，18 世纪下半叶，贵族的土地数量大幅增加。在叶卡捷琳娜二世执政期间，超过 80 万名农民（其中包括 30 万名以上男性）被赏赐下去。同时，女皇的宠臣也得到了丰厚的赏赐。例如，奥尔洛夫（Орлов）家族获得了 4.5 万名农民，波将金（Потемкин）在女皇两年的垂青期间获得了 9.7 万名农民，佐里奇（Зорич）获得了 1.4 万名农民，瓦西里奇科夫（Васильчиков）获得了 7000 名农民。保罗一世赏赐农奴的数量更是超越了叶卡捷琳娜二世，他仅在位 5 年，就将 60 万名农民赏赐给了贵族。

① "黑地"是莫斯科公国对国家农民所居住土地的称呼。

叶卡捷琳娜二世与保罗一世时期超过 1000 名农民的大型赏赐详见表 2.1。

表 2.1　超过 1000 名农民的大型赏赐

叶卡捷琳娜二世		保罗一世	
被赏赐 人数(人)	赏赐农民数 （千人）	被赏赐 人数(人)	赏赐农民数 （千人）
5	97.5	3	56.7
5	37.8	1	6.0
11	41.8	7	26.3
21	58.0	58	78.4

总体而言，整个 18 世纪，赏赐给贵族的农民数量高达 200 万名。

从亚历山大一世开始，朝廷不再赏赐农民给贵族，取而代之的是赏赐土地。1706~1856 年，皇室赏赐给贵族的土地多达 24 万俄亩。

二　农奴制改革前夕各省份平均每名贵族拥有男性地主农民的数量[①]

1861 年农奴制改革前夕，土地和农民数量是衡量贵族整体实力的重要指标，而平均农奴和土地持有量则是衡量贵族具体经济状况的重要参数，此时各省份平均每名贵族拥有的男性地主农民数量详见表 2.2。

---

①　Троницкий. А. Крепостное население России по 10-й народной переписи. С. 45 и 71.

表 2.2　1861 年农奴制改革前夕各省份平均每名贵族拥有的男性地主农民数量

单位：人

省份	人数
彼尔姆	2621
基辅	354
波多利斯克	329
下诺夫哥罗德	246
沃伦	180
维亚特卡	166
萨拉托夫	125
弗拉基米尔	123
莫斯科	122
卡卢加	117
喀山	114
唐波夫	114
科夫诺	113
格罗德诺	107
特维尔	103
土拉	103
沃罗涅日	98
普斯科夫	95
维尔纳	93
奥廖尔	92
雅罗斯拉夫	92
科斯特罗马	89
沃洛格达	81
圣彼得堡	81
明斯克	148
维捷布斯克	138
辛比尔斯克	132
奔萨	132
萨马拉	128
莫吉廖夫	128
梁赞	75
哈尔科夫	70

续表

省份	人数
阿斯特拉罕	70
斯摩棱斯克	69
叶卡捷琳诺斯拉夫	67
库尔斯克	64
切尔尼戈夫	60
赫尔松	60
斯塔夫罗波尔	59
塔夫里达	52
顿河哥萨克军区	49
诺夫哥罗德	47
波尔塔瓦	45
奥伦堡	44
奥洛涅茨	25
比萨拉比亚	20
阿尔汉格尔斯克	2

人口最多的土地位于彼尔姆省，那里大量的采矿业和工业集中在少数家族手中；西南部三个产粮省份基辅、波多利斯克和沃伦，在波兰时代就已确立大规模土地所有制；东北部省份下诺夫哥罗德保留了众多古代的世袭庄园，而维亚特卡也拥有少量富裕的大地主。数量众多的小地主分布在波尔塔瓦、库尔斯克、切尔尼戈夫、斯摩棱斯克、梁赞、诺夫哥罗德等省和顿河哥萨克军区。

根据第 10 次人口调查数据，平均每名地主拥有 100 名农民，而据第 8 次和第 9 次人口调查数据，相应的数据分别是 85 名和 94 名。与以前相比，贵族土地所有权的碎片化程度降低，农奴集中于少数大贵族手中已是不争的事实。

三 农奴解放前夕大土地所有制的地域分布①

1861 年农奴制改革之前，俄国的大部分土地集中于少数贵族与地主手中，土地越集中的地区，农奴制的影响越深，农民被剥削的程度也最高。农奴解放前夕大土地所有制的地域分布详见表 2.3。

表 2.3 农奴解放前夕大土地所有制的地域分布

单位：%

区域	大土地所有制占比
东北部采矿业地区	80
波多利斯克省、沃伦省、基辅省	64.84
伏尔加河中游地区	53.5
立陶宛诸省和白俄罗斯诸省	48.6
中部农业区	43.9
乌克兰左岸地区	43.0
莫斯科工业区	40.7
西北部地区	23.5
新俄罗斯黑土地地区	28.1
北部各省	23.0

在大多数省份，大型农奴制与大规模土地所有制相伴而生。新俄罗斯地区（塔夫里达省、赫尔松省和叶卡捷琳诺斯拉夫省）和斯塔夫罗波尔省是例外，那里拥有广袤的土地，而农奴数量很少。自 18 世纪末以来，这些省份广泛使用的是雇佣劳动力。

---

① Пичет В. И. Истории народного хозяйства в России XIX—XX вв. С. 103–104.

四　部分省份单位地主名下土地数量与人口数量间的关系①

部分省份单位地主名下土地数量与人口数量间的关系详见表 2.4。

表 2.4　部分省份单位地主名下土地数量与人口数量间的关系

单位：俄亩，人

省份	土地数量	人口数量
塔夫里达	3563	52
斯塔夫罗波尔	1386	59
赫尔松	1255	60
叶卡捷琳诺斯拉夫	1114	66
波尔塔瓦	814	45
哈尔科夫	429	70
奥廖尔	298	92
土拉	248	103
梁赞	191	75
库尔斯克	171	64

注：表中人口数量用男性农民数量来衡量。

在新俄罗斯地区和斯塔夫罗波尔省，大土地所有制盛行，地主农民的数量较少，在这些地区定居之初地主们就不得不使用大量雇佣劳动力进行农业生产。相反，中部农业省份的地主农民数量则过于饱和，其中一部分地主农民作为雇农被派遣到南方。根据编纂委员会的材料，每年从中部地区和小俄罗斯地区流入南部地区的人口就高达

---

① Военно-Статистический Сборник. С. 188；Троницкий. А. Крепостное население России по 10-й народной переписи. Спб.，С. 45.

30 万人。但实际上还远远不止这些，新俄罗斯地区的地主千方百计
地吸引和庇护逃亡的地主农民。

五 农奴制改革前夕各地区地主和农民的土地占比

1861 年农奴制改革之前，地主是最大的土地所有者，俄国大部
分省份的土地集中于贵族地主的手中。随着社会经济的发展，在工商
业发达的省份以及部分人口众多且经济落后（位置偏远）的省份，
地主拥有的土地占比开始降低。农奴制改革前夕各地区地主和农民的
土地占比详见表 2.5。

表 2.5 农奴制改革前夕各地区地主和农民的土地占比[①]

单位：%

省份	农民所拥有土地占比	地主所拥有土地占比
塔夫里达	9.10	90.90
赫尔松	13.40	86.60
叶卡捷琳诺斯拉夫	18.43	81.57
波尔塔瓦	31.37	68.63
哈尔科夫	31.82	68.18
萨马拉	37.00	63.00
沃罗涅日	46.05	53.95
奥廖尔	46.67	53.33
唐波夫	47.20	52.80
库尔斯克	47.25	52.75
萨拉托夫	47.76	52.24
科斯特罗马	50.02	49.98
土拉	52.00	48.00
梁赞	52.60	47.40

---

① Военно-Статистический Сборник；Игнатович И. И. Помещичьи крестьяне на
кануне освобождения. С. 66；Покровский М. Н. Русской истории. Ч. I. М.，
1915. С. 157.

续表

省份	农民所拥有土地占比	地主所拥有土地占比
奔萨	57.25	42.75
辛比尔斯克	57.26	42.74
切尔尼戈夫	61.35	38.65
奥洛涅茨	65.61	34.39
诺夫哥罗德	67.45	32.55
普斯科夫	68.24	31.76
斯摩棱斯克	71.41	28.59
沃洛格达	73.37	26.63
卡卢加	76.02	23.98
特维尔	77.18	22.82
下诺夫哥罗德	79.20	20.80
雅罗斯拉夫	79.23	20.77
弗拉基米尔	79.52	20.48
圣彼得堡	79.66	20.34

注：表中土地指未扣除林地的所有土地。

一个省的土地越肥沃，则农民所拥有的土地就越少。19 世纪上半叶，波尔塔瓦省约有 2/5 的农民，切尔尼戈夫省约有 1/3 的农民完全没有土地。

六 1694~1835年贵族拥有的农民规模[①]

拥有农民数量是衡量贵族地主实力的重要指标，大贵族拥有的农民数量最多，1694~1835 年拥有不同数量农户的贵族地主占比详见表 2.6。

---

① Огановский Н. П. Очерки по истории земельных отношений в России. С. 274 и 281.

表 2.6　1694~1835 年拥有不同数量农户的贵族地主占比

单位：%

年份	农户数量为 1~160 户	农户数量为 160~320 户	农户数量 不少于 320 户
1694 年	74.1	7.3	18.6
1835 年	52.5	14.5	33.0

如果我们考虑到在此期间俄国人口总量从 1300 万人增加到 6800 万人，就会发现大规模奴隶制的集中速度是定居点人口增长速度的 2 倍。实际上，土地集中的速度甚至更快，因为大规模的奴隶集中制在 18 世纪末就已经结束了。将 В. И. 谢梅夫斯基（В. И. Семевский）在《俄罗斯农民的家庭生活》中提供的 1777 年 20 个省份的地主分布数据与第 8 次人口普查数据（同样是 20 个省）进行比较，就会发现俄国奴隶制逐步强化的过程，越来越多的农户集中于地主手中，具体数据详见表 2.7。

表 2.7　1777~1835 年拥有不同数量农户的地主占比

单位：%

年份	农户数量少于 100 户	农户数量不少于 100 户
1777 年	83.8	16.2
1835 年	84.1	15.9

1835 年之后，则可看到完全相反的过程，贵族奴隶制逐渐分崩离析，具体数据详见表 2.8。

表 2.8　各类贵族地主拥有的地主农民数量

单位：人

分组	每个地主拥有的地主农民数量	
	1835 年	1858 年
无土地地主	3.5	3.3
拥有 20 名以下农民的地主	7.7	8.0
拥有 20~100 名农民的地主	49.3	46.9
拥有 100~500 名农民的地主	217.1	197.0
拥有 500~1000 名农民的地主	687.5	648.4
拥有 1000 名及以上农民的地主	2448.0	2207.3

　　除拥有 20 名以下农民的地主外，在其他所有组别中，每个组别地主所拥有的农民数量都在减少。

七　贵族的土地买卖[①]

　　农奴制时代末期，贵族的“没落”不仅表现在土地被抵押（到 1859 年，多达 2/3 的贵族土地被抵押），还表现在土地被出售。以斯摩棱斯克省为例，1841~1859 年，共有 16800 名地主农民被地主出售，也有大量土地被售卖，据统计，共有 211900 俄亩有人居住的土地和 45300 俄亩无人居住的土地被出售。[②] 在特维尔省，有许多贵族土地转移到其他等级居民手中，特别是贵族经常因为私人债务和国家债务而公开拍卖他们的土地。在俄国南部、东南部和西部地区，在地主农民较少的地区，非贵族土地所有制推广得尤为明显，因此，在这些地区，其他等级居民可更容易地获得无人居住的土地。至 1861 年

①　Огановский Н. П. Очерки по истории земельных отношений в России. С. 282.

②　有些地主只出售土地，也有部分地主将土地与农民共同出售。

农奴解放前夕，小地主、农民和开拓者们拥有 620 万俄亩的土地，而贵族拥有约 1.05 亿俄亩的土地（在有地主农民人口的省份）。

八　19世纪上半叶贵族的债务状况[1]

19 世纪上半叶，大部分贵族的境况大不如前，很多贵族地主即便销售土地与农奴也无法维持往日的生活，为此只能大量举债。值得一提的是，贵族举债需要有抵押物，他们只能用农民和土地充当抵押物。

根据莫斯科和圣彼得堡监管委员会的数据，1800 年，被用于抵押的人口为 101714 人，银行发放的贷款金额为 7187956 卢布；1833 年，被抵押的人口增加至 3505559 人。社会救济部门的数据显示，19 世纪上半叶银行发放的贷款金额为 655568375 卢布。

19 世纪上半叶，贵族的债务与农业商品化同步进行。贵族企业家开始需要大量资金来保障农业生产，为此他们只能贷款和借债。此外，从 19 世纪 20 年代开始，贵族债务的增加还受粮食价格下跌的影响，粮价下跌降低了土地的赢利能力。19 世纪 20 ~ 40 年代，粮食价格低廉且俄国粮食出口停滞不前，造成大量的庄园被抵押。

农业发达地区贵族的借债状况相对严重，他们将借来的资金一部分用于扩大农业生产，一部分用于从事农产品加工业务，为获得更多的借款，他们只能抵押土地和农民，部分省份被抵押的地主农民占比详见表 2.9。

---

[1]　Заблодский-Десятовский А. И. Граф П. Д. Киселев и его время Т. IV. Прил. С. 331；Покровский М. Н. Русской истории. Т. IV. С. 45；Банковые долги и положение губерний в 1856 г.//Жури. Мин. Вн. Дел. 1860 г., кн. 2.

表 2.9　部分省份被抵押的地主农民占比

类别	省份	占比（%）
1.	喀山	84
2.	奥廖尔	80
	奔萨	
	萨拉托夫	
3.	土拉	>70
	卡卢加	
	梁赞	
	塔夫里达	

在俄国，被抵押的地主农民数量占全体地主农民总量的 65%。平均而言，每名地主农民所背负的债务高达 60 卢布 21 戈比，被抵押土地的数量占地主土地总量的 39.11%。

在中部农业区，无论是被抵押的地主农民，还是被抵押的土地数量和债务数额，均高于全俄平均水平，部分省份被抵押土地占比和每名农民的债务详见表 2.10。

表 2.10　部分省份被抵押土地占比和每名农民的债务

省份	被抵押的土地占比（%）	每名农民的债务
土拉	61.15	65 卢布 87 戈比
梁赞	49.76	65 卢布 95 戈比
奥廖尔	47.38	62 卢布 72 戈比
唐波夫	39.23	68 卢布 47 戈比

相比而言，在新俄罗斯地区和西南部各省份，被抵押的土地占比和每名农民的债务并不高，具体数据详见表 2.11。

表 2.11 新俄罗斯地区和西南部各省份被抵押
土地占比和每名农民的债务

省份	被抵押的土地占比(%)	每名农民的债务
波尔塔瓦	15.79	43 卢布 36 戈比
哈尔科夫	18.36	45 卢布 89 戈比
塔夫里达	7.55	59 卢布 26 戈比
叶卡捷琳诺斯拉夫	24.68	67 卢布 16 戈比
赫尔松	26.63	51 卢布 10 戈比

在一定程度上，各地区贵族地主的负债率决定了他们在改革时期对（十月革命前村社或地主分给农民的）份地和赎买问题的态度。

九 18世纪末至农奴制改革前夕贵族地主从农民 手中夺走的土地[①]

贵族为改变自己的经济窘境或扩大农业生产，开始抢夺农民的土地。18 世纪末至 1861 年农奴制改革前夕贵族地主和农民拥有的土地占比详见表 2.12。

---

① Огановский Н. П. Наделение землей помещичьих крестьян. М.，1913. C. 31 и 33. Откуда пошла крестьянская земельная нужда. C. 32. и 33.

表 2.12　18 世纪末至 1861 年农奴制改革前夕贵族地主和农民拥有的土地占比

单位：%

	地主拥有的土地占比	农民拥有的土地占比
18 世纪末 8 个省的耕地	14	86
19 世纪中叶非黑土地（没有森林）	25	75
18 世纪末 6 个省的耕地	28	72
19 世纪中叶非黑土地（没有森林）	49	51

　　农民的土地使用量一直在减少，在莫斯科公国时期可使用的地主土地至 1861 年农奴制改革前夕只保留了 1/3。19 世纪 50 年代末，在地主所有的 10500.1 万俄亩土地之中，有 6930.4 万俄亩土地归地主使用，只有 3569.7 万俄亩土地归农民使用。

　　土地越肥沃，人口越稠密，土地的价值就越高，为此，贵族地主竭尽全力将土地从农民手中夺走。在中部农业地区，耕地不足的问题尤为严重。

　　贵族地主们竭力将最好的土地据为己有。在 1861 年农奴制改革之前，农民从沙地、山丘和峡谷向南部平坦的黑土地迁移的现象尤为普遍。在弗拉基米尔省，大贵族科山斯基（Кошапский）决定将农民迁移到另一个地方，对于不服从命令者，则将其全村人口流放到西伯利亚，拆毁了他们的农舍，在村庄种上庄稼。

十　1858年每名地主农民拥有的份地（包括所有适合和不适合耕作的土地）面积[1]

　　19 世纪上半叶，随着人口数量的增加，加上地主大肆抢夺

---

[1]　Огановский Н. П. Наделение землей помещичьих крестьян. М. , 1913. С. 37 и 38.

农民的份地，农民的份地数量日渐减少，1858 年每名地主农民拥有的份地（包括所有适合和不适合耕作的土地）面积详见表 2.13。

表 2.13　1858 年每名地主农民拥有的份地（包括所有适合和不适合耕作的土地）面积

单位：俄亩

地区		份地面积
非黑土区	北部和东北部地区	5.5
	工业区省份	4.3
	立陶宛和白俄罗斯	3.9
	平均值	4.57
黑土区	新俄罗斯和东南部地区(草原)	4.3
	伏尔加河中游地区	3.9
	中部黑土区	3.1
	小俄罗斯地区	2.6
	平均值	3.48

十一　地主农民的代役租[①]

18 世纪末，缴纳代役租的农民人均拥有多达 13.5 俄亩的土地，其中包括 4 俄亩的耕地，而缴纳劳役地租的农民在非黑土区人均拥有 8 俄亩土地，在黑土区人均拥有 7 俄亩土地。[②] 尽管这些份地也包括森林地段，但我们不得不承认，到 19 世纪中叶，农民的土地已明显

---

① Огановский Н. П. Наделение землей помещичьих крестьян. С. 21 – 22；Струве П. Б. Крепостное хозяйство. С. 90.

② В. И. Семевский. Крестьяне в царств. Екатерины II. Т. I. С. 34–36.

减少。

如果我们将非黑土区的人均 6 俄亩和黑土区的人均 4 俄亩［根据扬森（Янсон）教授的计算］视为正常份地就会发现，在农奴制条件下，绝大部分拥有土地的农民会感到土地不够。农民只能将剩余的少量粮食拿到市场上出售，为了缴纳代役租，部分农民还要外出打工。

从 18 世纪开始，地主农民的代役租金额日渐攀升，18 世纪至 19 世纪上半叶地主农民的代役租金额详见表 2.14。

表 2.14 地主农民的代役租金额

时期	金额
18 世纪初期	40 戈比至 1 卢布
18 世纪中期	2 卢布
18 世纪末期	5 卢布
19 世纪上半叶	20~24 卢布

18 世纪 60 年代，1 俄石黑麦的价格为 1.26 卢布，到 18 世纪 90 年代，上涨到 3.82 卢布，19 世纪上半叶达到 6 卢布。由此可见，代役租的增长速度远超粮食价格的增长速度，农民的境况每况愈下。除了代役租之外，农民还要承担实物贡赋。[①]

不言而喻，代役租的多少取决于农民的经济能力。从事贸易和手工业的农民缴纳的代役租特别高。例如，在以皮革生产而闻名的博戈罗德斯科耶村，1858 年，舍列梅捷夫分别从 9 名农民处征收了 500~1530 卢布不等的代役租，合计 7750 卢布；从 24 名农民处征收了 200~375 卢布不等的代役租，合计 5707 卢布；从 53 名农民处征收了

---

① Игнатович И. И. Помещичьи крестьяне накануне освобождения. Гл. Ⅲ.

100~195 卢布不等的代役租，合计 6971 卢布；从 75 名农民处征收了
50~95 卢布不等的代役租，合计 5126 卢布。

十二　祖布佐夫切尔卡索瓦村农民代役租的增加[①]

祖布佐夫的切尔卡索瓦村是知名的工商业区，村内大部分居民均
为祖布佐夫的农民，他们中很多人从事工商业活动，由于不耕作土
地，只能缴纳代役租。1757~1828 年祖布佐夫切尔卡索瓦村代役租的
金额详见表 2.15。

表 2.15　1757~1828 年祖布佐夫切尔卡索瓦村代役租的金额

单位：卢布

年份	金额
1757	4
1785	8
1790	13
1797	15
1801	25
1803	30
1828	75

值得一提的是，农民除缴纳货币代役租外，还需负责驾驶大马车
去莫斯科送货。

---

① 　Струве П. Б. Крепостное хозяйство. С. 66.

十三　地主农民的隐藏义务[①]

19 世纪上半叶，毗邻波罗的海的西北部省份、新俄罗斯以及濒临黑海的一部分西南地区省份生产的农产品主要服务于国外市场。

18 世纪，远离港口的中部农业区所产的粮食主要用于满足国内市场的需求。

中部农业区粮食的主要消费中心是莫斯科、圣彼得堡和其他北方城市。

大量的粮食从中部农业区由陆路直接运往莫斯科或莫斯科以西的地区，沿三条运河[②]分别运往圣彼得堡、伏尔加河上游港口和西北部港口。

据内务部的统计数据，19 世纪 40 年代中期，每年运至莫斯科的各种粮食不少于 900 万普特，运送这些粮食就需要 15 多万辆马车。据 A. 扎布洛茨基（A. Заблоцкий）计算，在夏季，用畜力运送粮食需要约 80 万名劳动力，在冬季则需要 300 多万名劳动力。换言之，所有地主农民劳动力（农民人口总量约为 1000 万人）的 8%（在夏季）和 30%（在冬季）用于运送地主的粮食。

A. 扎布洛茨基认为，这种天然的隐藏义务迫使农民付出了极大的代价，可以说他们整个夏季都在为贵族地主工作。

在部分地区，不参加粮食运输的农民需支付给地主 18 卢布的费用。如果我们将这个数字看作平均数，并考虑到有 300 多万名农民参

---

① 　Лященко П. И. Очерки аграрной эволюции России. Т. I. C. 204 и след.

② 　上沃洛乔克运河、季赫温运河和马林斯基运河。

与搬运，那么这项徭役的年均总额将达到 5400 万卢布。П. И. 梁士琴科（П. И. Лященко）说："在如此高的价格下，农奴经济在市场上的需求和地方贵族在金钱上的需求都得到了满足。"

十四　18世纪地主农民的价格[①]

贵族地主为扩大再生产或维持往日的生活水平，只能出售农民，整个 18 世纪农民的价格明显提升。

1710 年，在出售庄园内土地时，每个男性农民连同他的土地在内总价为 30 卢布。

1780 年，其均价上升到 80 卢布，到 18 世纪 90 年代，有些地方甚至达到 200 卢布。

1760~1790 年，农民连同土地的平均价格从 120 卢布涨到 400 卢布。

十五　19世纪上半叶有人居住
和无人居住土地的价格[②]

上文已提及，地主出售土地的方式有二：一是只出售土地，迁走土地上的农民；二是将土地和农民一同出售。有人居住土地的价格比无人居住土地的价格高出许多，具体数据详见表 2.16。

①　Семевский В. И. Крестьяне в царствование Екатерины Ⅱ. Т. Ⅰ. Изд. 2. С. XVII.
②　Лосицкий. А. Хозяйственный отношения накануне падения крепостного права, в № 11 "Образования" за 1906 г; Покровский М. Н. Очерки истории русской культуры. Ч. Ⅰ. М.，1915. С. 158.

表 2.16　俄国部分省份有人居住土地价格高出无人居住土地价格的比例

单位：%

A. 省份(有人居住土地)	价格高出比例	B. 省份(有人居住土地)	价格高出比例
斯摩棱斯克	28	库尔斯克	5
特维尔	29	沃罗涅日	6
莫斯科	29	土拉	11
下诺夫哥罗德	35	奥尔洛夫	12
弗拉基米尔	43	梁赞	12
雅罗斯拉夫	48	唐波夫	20
科斯特罗马	52		

　　A 组省份因是工业省份，农民以缴纳代役租为主。在这些省份，农民通过手工业或打短工赚取的酬劳远高于 B 组省份的农民。黑土区省份主要推广的是劳役制，当地农业发达，地主将农民禁锢在土地之上，土地对贵族而言十分重要，农民的地位次之。基于此，工业省份农民的平均价格为 50.4 卢布，农业省份的价格仅为 20.1 卢布。

十六　地主农民和雇佣农民的徭役额及其收入[1]

　　在土拉省，地主阿-瓦的每一课税单位为 8 俄亩，包括 1 俄亩刈草地和 1 俄亩自留地，还有几块 2 俄亩的土地，在同一地块中，空闲地的租金为 19~22 卢布/俄亩。我们假设更低一些，如 18 卢布/俄

---

[1]　Заблодский-Десятовский А. И. Граф П. Д. Киселев и его время Т. IV. Прил. С. 281，283 и 284；Покровский М. Н. Очерк истории русской культуры. Ч. I. С. 156.

亩，那么可以算出，在每一课税单位上，农民就要支付 144 卢布租金。基于此，如果农民有共同工作者，那么其支出就高达 288 卢布，这还没计入农民每周为地主免费工作 3 天的价值。如果将这些土地交给雇佣农民经营，其支出详见表 2.17。

表 2.17　雇佣农民的花费

单位：卢布

种类	金额
雇佣一个男工和一个女工的价格	60
食物支出	40
支付马匹、工具和利息费用等	70
总计	170

Г. 雅各布（Г. Якоб）写道，在莫斯科县，有一位谨慎精明的农场主，他将一部分土地交给地主农民耕种，将另一部分交给雇佣农民耕种，但他并不给农民支付货币，只给他们黑麦。

在 K-V 公爵的土地中，在最严格的徭役制度下（地主的耕地面积是农民的两倍），即便付出再多劳动，每名农民耕种的土地面积也不超过 5 俄亩。商人列克（Рекка）的农场则是另外一番景象，该农场主要使用雇佣农民工作，每名雇佣农民的耕种面积超过 9 俄亩。

在叶卡捷琳娜二世执政期间，实行合理化经营的地主企业家们已开始认识到自由劳动比强迫劳动更具优势。在亚历山大一世统治时期，这样的人十分常见。但正如 В. И. 波克罗夫斯基（В. И. Покровский）所说的那样，19 世纪 20 年代粮食价格的下跌阻碍了他们"迈出最后一步"。

十七　地主农场转变为粮食工厂[1]

在土壤肥沃、粮食销售有保障的省份，耕地面积的增加往往是以牺牲草地为代价的。

18世纪末，草地与耕地的比例［根据阿尔谢尼耶夫（Арсеньев）的数据］和19世纪上半叶草地与耕地的比例［根据腾戈博尔斯基（Тенгоборский）的数据］详见表2.18。

表2.18　18世纪末和19世纪上半叶部分省份草地与耕地的比例

省份	18世纪末	19世纪上半叶
哈尔科夫	67.4∶100	64.2∶100
沃罗涅日	101.1∶100	80.0∶100
唐波夫	74.9∶100	66.0∶100
库尔斯克	25.7∶100	24.4∶100
梁赞	17.0∶100	16.6∶100
喀山	25.0∶100	23.8∶100
奥伦堡	277.6∶100	108.2∶100

十八　农业生产中心从中部地区向南部和东南部地区转移[2]

16世纪末至19世纪中叶部分地区全部土地中耕地的数量占比详见表2.19。

---

① Лященко П. И. Очерки аграрной эволюции России. Т. I. С. 178.
② Огановский Н. П. Очерки по истории земельных отношений в России. С. 243.

表 2.19　16 世纪末至 19 世纪中叶部分地区全部土地中耕地的数量占比

单位：%

地区	16 世纪末①	18 世纪末	19 世纪中叶
莫斯科公国所辖的旧省份	76.1	32.6	31.1
移民区域，即中部农业区和伏尔加河中游地区	23.9	67.4	68.9

最明显的耕地转移发生于 16 世纪末至 18 世纪末。

十九　新俄罗斯地区的农业发展②

从 18 世纪末开始，新俄罗斯地区的农业快速发展，18 世纪末至 19 世纪中叶新俄罗斯地区的农业发展规模详见表 2.20。

表 2.20　新俄罗斯地区的农业发展规模

单位：俄亩

年份	农作物种植面积
1778	115000
1780	543000
1845	1997000
1851	2909000

1778~1851 年，新俄罗斯三省（叶卡捷琳诺斯拉夫、塔夫里达和赫尔松省）的人口增加了 4 倍，同期农作物种植面积增加了 24 倍。

---

① 16 世纪末的数据来自 Н. А. 罗日科夫（Н. А. Рожков）的《莫斯科罗斯农业》。这些数据涉及 330 万俄亩的耕地，尽管数据不完整（大部分征税登记簿已不复存在），但仍足以说明演变的总体情况。

② Огановский Н. П. Очерки по истории земельных отношений в России. С. 257.

种植面积增加的原因与其说是人口增长，不如说是从邻近的敖德萨、塔甘罗格和其他港口将粮食销往国外是有利可图的。

二十　18世纪末至19世纪中叶不同地区的农业用地分布情况①

除耕地外，农业用地还包括很多，其中刈草场和林地最为常见，18世纪末至19世纪中叶各种农业用地的占比详见表2.21。

表 2.21　各地区各种农业用地的占比

单位：%

地区	时期	耕地	刈草场	林地	其他农业用地
西北部地区	18世纪末	14.7	3.0	61.6	20.7
	19世纪中叶	17.7	6.8	57.0	18.5
莫斯科工业区	18世纪末	30.8	5.5	54.4	9.6
	19世纪中叶	34.9	12.4	42.7	10.0
中部农业区	18世纪末	41.3	18.0	20.4	20.3
	19世纪中叶	60.7	12.2	15.4	11.7
伏尔加河中游地区	18世纪末	36.6	13.1	40.8	9.5
	19世纪中叶	41.8	9.2	40.0	8.1
东北部地区	18世纪末	10.3	8.9	56.6	24.2
	19世纪中叶	11.0	9.5	59:3	20.2
26省合计	18世纪末	24.0	9.7	47.4	18.9
	19世纪中叶	29.4	10.5	44.8	15.3

表中数据疑有误，原著如此，无充分依据，不做修改。——编者注

① Н. П. 奥加诺夫斯基（Н. П. Огановский）从阿尔谢尼耶夫和扬松那里获得了18世纪末的总体调查数据，19世纪50年代末的数据则摘自威尔逊（Вильсон）的《农业经济地图册》；Огановский Н. П. Очерки по истории земельных отношений в России. С. 242。

值得一提的是，俄国各地的耕地面积均在增加。在林区，农业用地的数量增加是以牺牲森林为代价；在草原地带，农业用地的增加是以牺牲草场为代价。一般而言，经济发达地区农业用地增加较为缓慢，在旧莫斯科中心（莫斯科工业区），耕地面积的增长额占总可耕地面积的 4%，在旧诺夫哥罗德省（西北部地区）其占比仅为 3%，而在中部农业区，新开垦耕地面积占比为 19.4%，在伏尔加河中游地区其占比为 5.2%。

农业区耕地面积增加的原因不仅是 H. П. 奥加诺夫斯基所说的莫斯科公国旧省份老城区人口的迁移，更主要的是农业商品化的结果。中部农业区是俄国国内市场粮食的主要供应基地，该地区通过各交通线路与俄国国内市场紧密相连，50~60 年间该地区的耕地面积增加了近1/5。伏尔加河中游地区距俄国国内粮食消费市场或出口中心较远，所以其耕地面积仅增加了 5.2%。

二十一　1861年农奴制改革前夕俄国不同地区耕地数量与人口数量的占比[①]

1861 年农奴制改革前夕俄国不同地区耕地数量与人口数量的占比详见表 2.22。

---

①　Огановский Н. П. Очерки по истории земельных отношений в России. С. 243–244.

表 2.22　1861 年农奴制改革前夕俄国不同地区耕地数量与人口数量的占比

单位：%

地区	全部人口中农业人口占比	全部土地中农业用地占比
旧中部地区：北部、西北部地区和莫斯科公国辖区	31.6	24.9
第一移民区域：中部农业区、伏尔加河中游地区、东北部地区	51.3	54.2
第二移民区域：伏尔加河下游地区、新罗西斯克	18.1	20.9

19 世纪中叶，69.4%的农业人口聚集在移民区域，75.1%的人口集中在耕地之上。同时，中部农业区的耕地面积占当地土地总面积的 60.7%，伏尔加河中游地区耕地的占比为 41.8%，而莫斯科–中部工业区耕地的占比为 34.9%，西北部地区其占比仅为 17.7%。

由此可知，非黑土区农业的缓慢发展被工业的强劲发展所弥补。

二十二　19世纪40年代非黑土区乳品业和黑土区谷物种植业的发展规模[①]

除农业外，很多居民还从事副业，其中畜牧业的规模最大，19世纪40年代非黑土区乳品业和黑土区谷物种植业的发展规模详见表 2.23。

---

① Огановский Н. П. Очерки по истории земельных отношений в России. С. 250.

表 2.23　19 世纪 40 年代非黑土区乳品业和黑土区谷物
种植业的发展规模

地区	每 100 名居民拥有如下牲畜的数量		
	马（匹）	牛（头）	羊（头）
北部地区	20.9	50.8	46.4
西北部地区	17.4	36.5	14.9
莫斯科工业区	31.4	43.8	39.9
中部农业区	38.4	30.7	61.8
伏尔加河中游地区	42.1	33.4	107.6
东北部地区	64.0	54.2	84.9
新俄罗斯地区	35.6	124.2	356.2

在非黑土地带，牛的数量高于黑土地带，不仅超过了马，也超过了羊。这无疑证明，由于靠近首都和诸多大城市，该地的乳品业得到了快速发展。①

相反，在中部农业区和伏尔加河中游地区，马的数量多于牛的数量，表明在此地区的经济中农业占主导地位。

在巴什基尔人、鞑靼人和柯尔克孜人居住的东北部地区，游牧民族的养马业繁荣。

19 世纪 20 年代之前，在新俄罗斯地区，畜牧业最为发达，随着大量移民涌入该地区，至农奴制改革之前，这种饲养方式越来越多地让位于粗放型的农业生产（熟荒地）。

———————

①　Н. П. 奥加诺夫斯基也给出了这个原因，此外，他用"土壤资源枯竭"来解释莫斯科地区在 18 世纪末出现乳品业的原因。

二十三　19世纪中叶农民和地主向市场
供应农产品的情况[①]

俄国市场上的农产品均来自农村，地主和农民均是农产品的供应者，但根据当时的统计学家计算，19世纪中叶，农民向市场提供的粮食不超过他们收获的农产品总产量的10%，而地主向市场上提供粮食的占比达90%。

在一些省份，特别是农业区，这种差距甚至更大。例如，在19世纪40年代的哈尔科夫省，农民扣除自己所需的粮食外，只剩下1.5万俄石黑麦，而地主的黑麦结余则超过110万俄石。奔萨、萨拉托夫和其他黑土省份的情况亦是如此。

在1861年农奴制改革前农业省份的农产品总量中，农民所产产品所占份额最高。

相反，在农产品商品化过程中，即向市场供应的粮食中，地主供应的粮食数量一直处于主导地位。

以上状况均是有据可循的。在农业产区，因大工业的发展，粮食需求量大增，地主积累了大量的粮食，而农民在这些地区受制于残酷的徭役制度，他们虽在自己土地上辛勤劳作，但只能勉强混个温饱和刚够缴税。农奴的廉价劳动使地主得以克服他们的"粮食工厂"与消费市场之间的巨大距离和价格波动，依靠剥削农民获取高额利润。相反，农民通常在秋天将自己的粮食卖给同乡的二道贩子，到春天再以高价从他们那里买回来。改革前的统计学家曾提

----

① Лященко П. И. Очерки аграрной эволюции России. Т. I. С. 199, 200 и 208.

到的粮食"生产过剩",正如 И. И. 梁士琴科（И. И. Лещенко）所强调的那样，只能理解为"具有商品生产过剩性质的粮食生产过剩只会影响地主经济"。

二十四 19世纪上半叶俄国的粮食生产规模及其去向[①]

根据相关数据，普罗托波波夫（Протопопов）得出 19 世纪 30 年代的年均粮食产量为 2.5 亿俄石。

19 世纪 30 年代地主和农民所产粮食的主要去向详见表 2.24。

表 2.24 19 世纪 30 年代所产粮食的主要去向

单位：俄石

粮食去向	数量
5500 万居民的口粮和牲畜的饲料	1.65 亿
酿酒业	1000 万
种子	6000 万
销往国外	250 万
其余	1250 万

在 2.5 亿俄石粮食中，只有不超过 5950 万俄石进入了市场，其主要去向详见表 2.25。

---

① Лященко П. И. Очерки аграрной эволюции России. С. 190 и след；Струве П. Б. Крепостное хозяйство. С. 124；Огановский Н. П. Очерки по истории земельных отношений в России. С. 265-266.

表 2.25　流入市场的粮食主要去向

单位：俄石

粮食去向	数量
城市、军队和非农业居民的需求	4200 万
种子	500 万
酿酒业	1000 万
销往国外	250 万
合计	5950 万

　　国家财产部以及滕戈博尔斯基（Тенгоборский）和谢苗诺夫（Семенов）均确定，19 世纪 50 年代粮食年均收成为 2.244 亿俄石。据国家财产部的数据，粮食的主要去向详见表 2.26。

表 2.26　19 世纪 50 年代俄国生产的粮食主要去向

单位：俄石

粮食去向	数量
农村人口的口粮（按人均 3 俄石计算）	13130 万
城市	1360 万
部队	400 万
酿酒业	1000 万
种子	6000 万
销往国外	550 万
合计	2.244 亿

　　根据赫尔曼（Герман）、佳布洛夫斯基（Зябловский）的数据和瓦卢耶夫委员会（Валуевская комиссия）的报告，1800~1863 年粮食的播种量和收获量详见表 2.27。

表 2.27 1800~1863 年粮食的播种量和收获量

单位：百万俄石

年份	播种量	收获量
1800~1813	48.8	155.0
1820	50.0	155.6
1834~1840	—	179.0
1840~1847	59.2	209.7
1854~1863	63.6	220.0

Н. П. 奥加诺夫斯基和其他研究者一样，曾怀疑普罗托波波夫、滕戈博尔斯基、谢苗诺夫和国家财产部的数字夸大其词，他认为赫尔曼、佳布洛夫斯基和瓦卢耶夫委员会的数字更可靠，其依据如下。1901~1905 年，欧俄地区平均收获了多达 30 亿普特的各种粮食，即五六十年间粮食总产量增加了 13 亿普特（根据普罗托波波夫等人的数字）或 65%。与此同时，从 19 世纪 40 年代到 1887 年，耕地面积从 8500 万俄亩增加到 1.2 亿俄亩，增加了 42%。在此期间，休耕地面积减少了 6%。有数据显示，1861~1900 年，俄国粮食产量增加了 33%，而事实上，在 40 年间粮食总产量增加了 2 倍。笔者根据相关核算可确认，农奴制改革前夕粮食的总产量应为 2.083 亿俄石，或 16.5 亿普特，瓦卢耶夫委员会的数据也证实了这一假设。

另一方面，考虑到 20 世纪上半叶播种面积不断扩大，特别是在新俄罗斯和伏尔加河中游地区粮食播种面积大增，我们可以认为赫尔曼和佳布洛夫斯基关于改革前几个时期粮食产量的数据是可靠的。

无论普罗托波波夫和其他人的计算结果是多么不准确，但总体来说，他们都同意一个论断，即 19 世纪 30 年代粮食产量就已超过了市场需求，国内市场的重要性比国外市场高出许多倍。事实上，相关数据显示，19 世纪 30 年代粮食对外出口额占粮食总产量的 1/20，50 年代其占比已达 1/10。由此可见，虽然粮食以内销为主，但也开始寻求更广阔的国际市场。国际市场对小麦产地的南方来说尤为重要，因为这些地区与国内消费中心之间并没有便利的交通网络连接，因其地理位置更靠近黑海港口，所以这些地区更青睐国际市场。

如果我们以当时粮食的最低价格（3 卢布/俄石）来计算，那么 19 世纪 30 年代，每年未售出的粮食剩余数量为 1250 万俄石，50 年代为每年 2660 万俄石，换言之，在第一阶段地主的农业损失为年均 4000 万卢布，在第二阶段则年均超过 8000 万卢布。当然，这些剩余粮食首先应该是用于歉收年份居民的口粮，但因当时运输条件有限，所以粮食运输也困难重重。因此，И. И. 梁士琴科（И. И. Лещенко）说，"地主阶级向农业企业的转变和粮食生产的扩大很快就导致了地主生产过剩和农业粮食危机"。摆脱这一僵局的办法是修建铁路，于是在农奴制改革之后，铁路建设立即热火朝天地展开了。

二十五　1800~1860年黑麦产量①

在俄国所产的粮食中，黑麦、大麦、燕麦和小麦的数量较多，1800~1860 年黑麦产量详见表 2.28。

---

① Огановский Н. П. Очерки по истории земельных отношений в России. С. 383.

表 2.28 1800~1860 年黑麦产量

单位：俄石/俄亩

年份	数量
1800~1810 年	8.1
1811~1820 年	6.9
1821~1830 年	6.7
平均值	7.23
1831~1840 年	6.4
1841~1850 年	6.6
1851~1860 年	6.4
平均值	6.47

这些数据是福尔图纳托夫教授（проф. Фортунатов）根据对个别省份土地记录的研究而获得的（参见他的著作《欧俄地区的黑麦产量》）。这些数据表明，与 19 世纪前 30 年相比，后 30 年的黑麦产量下降了 10.5%。黑麦产量下降的原因不仅在于粗放型耕作制度造成的土壤耗竭，还在于农民由于劳役过重，导致他们无法安心耕作地主的土地和自己的份地。

土地数量的降低、代役租金的上涨、徭役制度的加强及农作物产量的下降，最终导致农民赤贫现象的出现。

二十六 19世纪上半叶俄国农业协会的发展[①]

农业协会是俄国政府和民间组织为发展农业所建立，18 世纪该

---

① Струве П. Б. Крепостное хозяйство. С. 71；Покровский М. Н. Очерк истории русской культуры. Ч. I. С. 156.

组织就已大量出现，19 世纪上半叶俄国农业协会的发展状况详见表 2.29。

表 2.29　19 世纪上半叶俄国农业协会的发展状况

年份	协会名称
1808	埃斯特兰经济协会
1819	莫斯科农业协会
1824	白俄罗斯自由经济协会
1828	俄罗斯南部农业协会
1832	莫斯科养羊业改良总协会
1832	雅罗斯拉夫农业协会
1833	外高加索农村和工厂手工业促进协会
1838	奔萨农业协会
1839	喀山经济协会
1839	库尔兰经济协会
1839	格里津经济协会
1842	雅罗斯拉夫农业协会
1844	利夫兰农业和工业促进协会
1845	彼尔诺沃-福明斯克养羊业附属协会
1846	奥伦堡养羊业附属改良协会
1847	列比扬斯克农业协会
1848	奔萨俄罗斯东南部农业协会
1848	旺登-沃尔马尔-瓦尔卡利夫兰养羊业协会第三辅助协会
1849	卡卢加农业协会
1849	高加索农业协会
1850	尤里耶夫农业协会

В. И. 波克罗夫斯基指出，农业协会的快速发展始于 19 世纪 30 年代，与农业协会的发展同步的是新式农具的普及，对农具的需求导致 1832 年在莫斯科出现了俄国第一家生产农业机械的工厂，即著名的布奇纳波（Бутеноп）工厂。19 世纪 50 年代末，该厂生产出了俄国第一台锅驼机。

二十七　布奇纳波工厂生产的农具①

1838~1846 年，布奇纳波工厂共生产了价值 350 万卢布的农具，主要种类详见表 2.30。

表 2.30　1838~1846 年布奇纳波工厂生产的主要农具

机器种类	数量
脱粒机	1100 台
清粮机	6060 台
犁	1600 个
中耕除草机	125 台
铡草机	550 台

19 世纪上半叶，俄国陆续成立了 19 家农用机械厂。

二十八　1812~1860年运至俄国的镰刀和割刀数量②

由于镰刀生产能力较弱，俄国在 19 世纪上半叶就已经从国外大量进口镰刀了。

1812~1860 年运至俄国的镰刀和割刀的价值详见表 2.31。

---

① Огановский Н. П. Очерки по истории земельных отношений в России. С. 311.

② Покровский. В. И. Сборник. С. 263−264.

表 2.31　1812~1860 年运至俄国的镰刀和割刀的价值

单位：千卢布

年份	金额
1812~1815	1232
1816~1820	2034
1821~1825	1736
1826~1830	2126
1831~1835	1952
1836~1840	2270
1841~1845	632
1846~1850	539
1851~1855	611
1856~1860	788

二十九　18世纪和19世纪初英国
农产品价格的增长[①]

　　从 18 世纪下半叶开始，英国工业革命蓬勃发展，至 19 世纪中叶，英国第一次工业革命基本完成，国内粮食价格不断上涨，开始从国际市场进口粮食，俄国的粮食就大量出口至英国。基于此，研究英国国内的农产品价格十分必要，18 世纪和 19 世纪初英国农产品价格的增长状况详见表 2.32。

　　①　Зомбарт В. Современный капитализм. Т. II . СПБ. ， 1905. С. 80-81.

表 2.32　18 世纪和 19 世纪初英国农产品价格的增长状况

单位：先令/夸脱

年份	价格
1725~1750	33.9
1751~1775	44.4
1776~1800	56.1
1801~1809	82.2
1810~1819	88.8

1782~1819 年英国一磅羊毛的价格详见表 2.33。

表 2.33　1782~1819 年英国一磅羊毛的价格

年份	一磅羊毛的价格
1782~1790	3 先令 9 便士
1791~1800	4 先令 5 便士
1801~1810	6 先令 5 便士
1811~1819	8 先令

　　农产品和工业原料价格大幅上涨均是 18 世纪下半叶工业革命的结果，这场革命将英国从一个农业国转变为一个真正的工业国。英国再也无力用自己所产的粮食养活日益增长的城市人口，也无法为资本主义企业提供原材料。在这种情况下，英国原材料和农产品的进口量大增，1760~1810 年英国每年进口的小麦数量详见表 2.34。

表 2.34　1760~1810 年英国每年进口的小麦数量

单位：夸脱

年份	数量
1760~1770	94000
1770~1780	111000
1780~1790	143000
1790~1800	470000
1800~1810	555000

　　由于国外进口粮食的成本低于本国粮食的价格，英国政府自 1791 年起开始征收可变的粮食税（根据本地粮食价格的高低，税率为每普特 8.6 戈比到 80 戈比不等），并于 1815 年通过一项禁止进口外国粮食的特别法律，法律有效期为国内粮食价格达到一定水平为止。这一禁令一直持续到 1828 年，此后英国政府再次采用了多变的关税制度，但一直对进口粮食征税，直到 1846 年才彻底废除了粮食进口关税。在这种情况下，1818 年，小麦的进口量达 159.4 万夸脱，1819 年降至 12.2 万夸脱，1820 年降至 3.4 万夸脱，而 1818 年，总体粮食的进口量达到 353.9 万夸脱，1819 年降至 143.4 万夸脱，1820 年降至 76.1 万夸脱。1821~1823 年，英国则完全停止了粮食进口。[①]

　　英国毛纺织工业发达，国内羊毛已不能满足本国企业的需求，只能从国外大量进口，19 世纪 30~50 年代英国羊毛的进口量详见表 2.35。

---

① Колокольников П. Н. Хозяйство России поело войны 1812 г. в т. VII. юбил. изд. , Отечественная война и русское общество. М. 1912.

表 2.35　19 世纪 30~50 年代英国羊毛的进口量

单位：英担

年份	进口地			
	澳大利亚	南非	东印度群岛	德国
1830	19672	334	—	264738
1840	97212	7577	2441	218120
1850	333523	29599	29599	78134

　　俄国自 16 世纪下半叶开始向英国供应原材料。18 世纪和 19 世纪上半叶，俄国出口的大部分产品销往英国，小麦、羊毛、大麻、亚麻、油脂、皮革等农产品的出口数量较多。

三十　18世纪俄国粮食价格的增长[①]

　　随着商品经济的发展，加上国内外市场粮食需求量增加，俄国的粮食价格日渐上涨。由于资料有限，仅能以格扎茨克码头的黑麦价格为例进行分析，具体数据详见表 2.36。

表 2.36　18 世纪格扎茨克码头每俄石黑麦的价格

年份	每俄石黑麦的价格
1760	86 戈比
1763	93 戈比
1773	2 卢布 19 戈比
1788	3 卢布

---

① Покровский М. Н. Русской истории. Т. Ⅲ. С. 150. и его статьи："Россия в конце XVIII в." в Ⅰ т. Изд.，Гранат.

考虑到卢布本身的货币价值差异，笔者得出此期间粮食价格上涨了近500%。粮价上涨的原因不仅在于当时西欧，尤其是英国的粮食价格上涨，还在于人口增长和社会分工导致俄国国内市场粮食需求量激增。

三十一　18世纪俄国粮食的出口量[①]

虽然18世纪俄国农业发展相对缓慢，农业生产力水平较低，但仍有大量粮食出口国外，18世纪俄国粮食的出口量详见表2.37。

表2.37　18世纪俄国粮食的出口量

时间	数量（俄石）	价格（银卢布）
1717~1719年	31755	—
1758~1760年	70000	114000
1778~1790年	400000	1000000
1790~1792年	233000	822000
18世纪90年代末	1000000	—

早在17世纪，俄国的粮食就已出现在欧洲市场上，但当时俄国本身粮食供应还不太充足，粮食的对外出口一般由政府垄断。只有国内粮价较低时政府才向国外出口粮食，粮食出口数量一直较少，俄国政府担心粮食大量出口会造成国内的物价高涨和粮荒。

18世纪，政府已允许私人进行国际粮食贸易，政府只是对其进行监管，1762年之后政府不再干涉粮食出口贸易。然而，直到18世纪末，粮食出口量仍然微乎其微，但呈逐年增加趋势。此时粮食出口量增加的主要原因有二：一是黑海港口的获得；二是新俄罗斯地区的

---

① Покровский. В. И. Сборник. Т. I. С. 2.

粮食产量大增。因 1788~1789 年粮食歉收，18 世纪 90 年代初，俄国粮食出口量暂时下降，但随后不久就迅速增加，18 世纪 90 年代末粮食出口量达 100 万俄石。

18 世纪末，因发达国家的城市化进程加速，欧洲诸国尤其是英国对粮食的需求日益增长，俄国的粮食出口贸易快速发展。

三十二　1802~1860年俄国粮食的出口规模[①]

19 世纪初，俄国的粮食出口量规模更大，1802~1860 年俄国粮食的出口规模详见表 2.38。

表 2.38　1802~1860 年俄国粮食的出口规模[②]

年份	货物出口总价值	粮食出口价值	粮食出口价值占比（%）
1802~1807	63.0	11.8	18.7
1812~1815	171.7	18.0	10.5

---

① Покровский. В. И. Сборник. Т. I. С. 2-3.
② 为更好地进行对比，译者寻找了其他相关数据，1801~1860 年俄国主要粮食的年均出口量详见下表。

1801~1860 年俄国主要粮食的年均出口量

单位：千普特

年份	数量	年份	数量
1801~1805	19873	1831~1835	18469
1806~1810	5120	1836~1840	28831
1811~1815	9089	1841~1845	27205
1816~1820	29655	1846~1850	51211
1821~1825	10071	1851~1855	45396
1826~1830	23950	1856~1860	69254

资料来源：Хромов П. А. Экономика России периода промышленного капитализма. М., Издательство ВПШ и АОН при ЦК КПСС, 1963. С. 171.

续表

年份	货物出口总价值	粮食出口价值	粮食出口价值占比（%）
1816~1820	237.7	74.2	31.2
1821~1825	207.2	17.5	8.4
1826~1830	226.8	35.6	15.7
1831~1835	222.0	34.1	15.4
1836~1840	308.3	35.7	11.6
1841~1845	88.4	14.5	16.4
1346~1850	106.5	33.3	31.3
1851~1855	92.9	27.6	29.7
1856~1860	165.6	58.1	35.1

注：1802~1840 年出口价值单位为百万卢布，1841~1860 年出口价值单位为百万信贷卢布。当时 1 信贷卢布等于 3.5 卢布。

19 世纪最初的 20 年，俄国出口商品价值中粮食的占比从 19%左右增长到 31%左右；19 世纪 20 年代以后，西欧粮食价格的下跌延缓了俄国粮食出口贸易的进一步发展，使其价值占比降至 15%左右；19 世纪 50 年代，西欧粮食价格再次上涨，俄国货物出口总价值中粮食出口价值的占比上升到 29%左右，19 世纪 50 年代末甚至上升到 35%左右。

19 世纪 20 年代至 40 年代前半期，农民运动风起云涌，俄国农业发展停滞不前，粮食价格下降导致贵族地主的利润微薄，地主们开始雇佣自由劳动力进行农业生产，但是资金缺口仍很大，不得已大肆举债。19 世纪 40 年代后半期，新一轮的物价上涨导致俄国政府和贵族扩大了粮食出口规模，这与 19 世纪前 20 年的情况如出一辙。在粮食价格持续上涨的情况下，贵族们又开始试图改革农场经营模式，这导致解放农民问题再次浮出水面，并备受瞩目，同时也出现了一些新的问题。现在，地主们在尽可能多保留土地的同时，还需获得尽可能多的资金发展农业。

三十三　1801～1820年四种主要粮食的
出口规模[①]

在俄国粮食结构中，小麦、黑麦、燕麦和大麦的出口量较大，备受国际市场青睐，所以统计学家和历史学家喜欢将它们一同核算，它们也被称为俄国的"四大主粮"，1801～1820年它们的出口规模详见表2.39。

表 2.39　1801～1820 年四种主要粮食的出口规模

单位：俄石

年份	小麦	黑麦、燕麦和大麦
1801	683553	824808
1802	385882	1169141
1803	1524072	1307907
1804	989924	774697
1805	1739487	1690063
年平均值	1064584	1153323
1806	343888	572861
1807	46852	1268397
1808	229660	118310
1809	90227	11307
1810	173419	124275
年平均值	176809	419030
1811	422009	312460
1812	429609	569584
1813	527256	398800
1814	511000	682639
1815	639139	574133
年平均值	505803	507523
1816	1441335	632511
1817	2338462	2865636
1818	1774516	1414318
1819	1708565	1648963
1820	1387292	1054861
年平均值	1730034	1523258

---

① Покровский. В. И. Сборник. Т. I. С. 3.

从 19 世纪初开始，俄国农业就开始为欧洲工业市场服务。1801～1805 年俄国的粮食出口量迅速增加，在随后的俄法战争期间，粮食出口业务暂时停止。战争结束不久，粮食出口数量再次大幅增加。粮食出口贸易的蓬勃发展为地方贵族首次真正决定实施农民解放计划（解放失地农民和给予农民宅基地）奠定了基础。

三十四　1801～1860年四种主要粮食的年均出口量[①]

1801～1860 年四种主要粮食的年均出口量详见表 2.40。

表 2.40　1801～1860 年四种主要粮食的年均出口量

单位：千普特

年份	四种粮食总计	小麦	黑麦	燕麦	大麦
1801～1805	19873	10646	—	—	—
1806～1810	5120	1768	—	—	—
1811～1815	9089	5122	—	—	—
1816～1820	29655	17300	8267	1702	2386
1821～1825	10071	8418	729	722	202
1826～1830	22759	13558	6421	1696	1084
1831～1835	18474	10728	5425	1232	1089
1836～1840	28831	20934	4900	1453	1544
1841～1845	27205	21556	3434	1315	900
1846～1850	51211	35066	10629	1848	3668
1851～1855	45396	31810	8937	1957	2692
1856～1860	68854	38130	14335	5979	10410

---

①　Покровский В. И.　Сборник. Т. I. С. 4 – 5；Кулишер И. М.　История русской торговли Спб. , 1923. С. 275-276.

19 世纪，小麦、黑麦、燕麦和大麦相继出口到国外。1821～
1825 年，西方国家的粮食价格下跌，导致俄国粮食出口量大幅下
降，之后有所回升。1846 年英国取消了粮食进口关税，荷兰和法
国也于 1847 年取消了粮食进口关税，粮食价格扶摇直上。1856～
1860 年，俄国已然成为西欧诸国的粮仓。

1824～1847 年，俄国出口了 4400 万俄石小麦，其中 3900 万俄石
由南方港口出口，仅敖德萨港就出口了 2300 万俄石，南方港口的小
麦出口量占小麦出口总量的 90%，而波罗的海港口的小麦出口量占
比仅为 6%。相反，在此期间，南方港口的黑麦出口量占比仅为
12%，而波罗的海港口的黑麦出口量占比为 54%。同期，3/4 的大麦
由波罗的海港口出口，42% 的燕麦由阿尔汉格尔斯克出口。在此期
间，燕麦和大麦的出口总量仅为 1000 万俄石，黑麦出口量为 1400 万
俄石。总体来看，南方港口的粮食出口量占所有粮食出口总量
的 62%。

三十五　1802～1860年俄国粮食
出口量占粮食总收成的比例[①]

俄国粮食大量出口国外，出口量占农产品总产量的比例值得深
究：一则可探究农产品的商品化程度；二则可分析俄国出口贸易中农
产品的作用。1802～1860 年俄国粮食出口占粮食总收成的比例详见
表 2.41。

---

① Покровский. В. И. Сборник. Т. I. С. 6.

表 2.41　1802~1860 年俄国粮食出口占粮食总收成的比例

单位：千俄石，%

年份	粮食总收成量	粮食出口量	出口量占比
1802~1808	164724	1768	1.1
1834~1841	179855	2598	1.4
1851~1855	234053	6244	2.7
1856~1860	186551	9502	5.1

注：1802~1841 年粮食出口量统计的是四种主要粮食出口量，1851~1860 年统计的是所有粮食出口量。

В. И. 波克罗夫斯基从内务部长的报告中摘录了粮食收成总量的相关数据，这些数据虽源于当时的官方统计，但其可靠性有待考证。根据部分统计学家的计算，19 世纪 10~50 年代，俄国年均粮食收成量为 2.5 亿俄石，年均粮食贸易量（包括对内和对外贸易）才为 6000 万俄石。国内市场上的粮食主要用于军需和城市居民的口粮，还有部分粮食销售给非黑土区省份的农民。除此之外，酿酒厂的粮食需求量，特别是波罗的海各省酿酒厂的粮食需求量不容小觑。

三十六　1801~1860年英国主要粮食的价格[①]

由于英国是粮食的主要消费国，其粮价在很大程度上决定了世界市场的粮价。

作为俄国最大的粮食需求国，英国市场的粮价直接影响了俄国国内的粮价，1801~1860 年英国主要粮食的价格详见表 2.42。

---

① Гулишамбаров С. О. Всемирная торговля в XIX в. и участие в ней России. Спб.，1898. С. 42；статьи Колокольникова в юбил. сборн.：Война 1812 г. и русское общество. Т. VII.

表 2.42　1801~1860 年英国主要粮食的价格

单位：先令/夸脱

粮食	1801~1810年	1811~1820年	1821~1830年	1831~1840年	1841~1850年	1851~1860年
小麦	74.0	87.5	59.3	56.9	53.3	54.6
燕麦	41.8	45.2	32.5	32.8	31.5	34.5
大麦	28.1	30.4	23.5	22.7	21.0	23.6

1822 年，黑海港口的小麦价格为 5 卢布 46 戈比/俄石，1828 年则为 2 卢布 57 戈比/俄石。1817 年，圣彼得堡的黑麦价格为 23 卢布/俄石，1825~1826 年为 14~15 卢布/俄石。在沃罗涅日，1821 年黑麦面粉的价格为 16 卢布 26 戈比/俄石，1823 年为 7 卢布 28 戈比/俄石，1824~1826 年为 13 卢布 11 戈比/俄石。由此可见，俄国各港口的粮食价格随着英国的粮价而波动。

19 世纪前 20 年的高物价引发了社会各界再次关注俄国的农民解放问题。从 19 世纪 20 年代开始的物价下跌也是农民改革被推迟 30 年的原因之一。В. И. 波克罗夫斯基曾说过，"国外粮食价格低廉，出口无法收回成本。由于俄国粮食不能进入世界市场，所以地主农场没有扩大粮食生产规模的理由"。按照目前的生产规模，粮食仍有大量剩余，19 世纪 40 年代，年均粮食剩余量约为 1250 万俄石。在粮食歉收的年份，剩余的粮食就被消耗了。相反，19 世纪 40 年代后半期，粮食价格一开始回升，俄国地主就又"盘算着把生产提高到最大的限度"[1]。

---

[1]　Очерк истории культуры. Ч. I. M. 1915. C. 136−137.

三十七　1842~1852年和1852~1862年 奥廖尔省的粮食价格、每俄亩粮食 收益和土地收益[①]

19世纪上半叶，俄国农业快速发展已是不争的事实。粮食价格和土地租金、售价等因素可从微观上衡量俄国真正的农业发展水平，因数据有限，仅对奥廖尔省的状况进行分析。1842~1852年和1852~1862年奥廖尔省的粮食价格、每俄亩粮食收益和土地收益详见表2.43。

表2.43　1842~1852年和1852~1862年奥廖尔省的粮食价格、每俄亩粮食收益和土地收益

	1842~1852年	1852~1862年
	每俄石粮食价格	
黑麦	1卢布58戈比	2卢布80戈比
小麦	3卢布92戈比	6卢布
燕麦	1卢布	1卢布50戈比
荞麦	1卢布97戈比	2卢布82戈比
	每俄亩粮食收益	
黑麦	11卢布	21卢布
小麦	19卢布60戈比	39卢布
燕麦	10卢布40戈比	16卢布
荞麦	12卢布48戈比	14卢布

---

① хозяйственный заметок помещика Пушечникова в "Русском Архиве". 1905. № 4.

续表

	1842～1852 年	1852～1862 年
	每俄亩土地收益	
土地租金	5 卢布	7 卢布
土地售价	40 卢布	70 卢布

由此可知，20 年间，无论是粮食价格，还是土地的价格都在稳步上涨。

三十八 1833～1841年俄国粮食的价格波动[①]

俄国的粮食价格除受国际市场行情影响外，也受国内农产品收成状况、国内市场需求和人口数量等因素的影响。1833～1841 年俄国粮食的价格波动详见表 2.44。

表 2.44 1833～1841 年俄国粮食的价格波动

消费地区	最低价与最高价的比例	生产地区	最低价与最高价的比例
莫斯科	10：42	辛比尔斯克	10：48
弗拉基米尔	10：38	沃罗涅日	10：50
雅罗斯拉夫	10：26	奔萨	10：57
科斯特罗马	10：25	叶卡捷琳诺斯拉夫	10：58
诺夫哥罗德	10：28	梁赞	10：65
圣彼得堡	10：22	唐波夫	10：67
		萨拉托夫	10：67
		库尔斯克	10：82
		土拉	10：100
		斯塔夫罗波尔	10：111

---

① Струве П. Б. Крепостное хозяйство. С. 127–128.

以上数据足以说明粮食价格的波动空间很大。1845年春，普斯科夫与库尔斯克省的黑麦价格差距巨大。普斯科夫省的价格达到14~15银卢布/俄石，而库尔斯克省的价格仅为1.5银卢布/俄石。1843年，圣彼得堡省的粮价为库尔斯克省的5倍。

粮食价格波动幅度如此之大是因为农奴制下俄国的交通闭塞，所以，19世纪下半叶俄国开始了大规模的铁路建设。

三十九 19世纪20年代伦敦市场上从波罗的海、黑海和北美洲港口运进小麦的价格①

19世纪，俄国最大的粮食出口港口有二：一是波罗的海港口；二是黑海港口。这两个港口出口粮食至英国的运费不同，加上与粮食产区的距离也不同，导致英国市场上的粮食售价各异，相较而言，经黑海港口出口的粮食价格较低，甚至低于英国市场上北美同类粮食的价格。19世纪20年代伦敦市场上从波罗的海、黑海和北美洲港口运进的小麦价格详见表2.45。

表2.45 19世纪20年代伦敦市场上从波罗的海、
黑海和北美洲港口运进的小麦价格

单位：卢布/俄石

港口	当地小麦价格	运费	税率	合计
波罗的海	8.48	1.50	0.17	10.15
黑海	5.33	2.88	0.10	8.31
北美洲	7.91	1.95	—	9.86

---

① Лященко П. И. Очерки аграрной эволюции России. Т. I. С. 203.

由此可见，俄国经波罗的海港口出口至国际市场的粮食，无法与更便宜的俄国南部或跨洋粮食竞争，而俄国南部粮食的交货价却比北美洲的粮食还要便宜。因此，19世纪上半叶，俄国南部港口的粮食出口量远高于波罗的海港口，其出口数量见表2.46。

表 2.46　19 世纪上半叶俄国南北方港口的粮食出口数量

单位：百万俄石

年份	北方港口		南方港口	
	小麦	黑麦	小麦	黑麦
1823~1835	2.3	5.1	10.1	0.1
1835~1845	0.3	1.9	20.6	0.7

四十　1754~1860年俄国的酒产量[①]

从 18 世纪开始，俄国农产品加工工业日渐繁荣，只是以手工生产为主，无力与他国竞争，在诸多农产品加工业中，酿酒业最为发达，一是因为俄国人酷爱饮酒，二是因为酿酒的生产工艺相对简单，原料供应充足。1754~1860 年俄国的酒产量详见表 2.47。

[①]　Покровский. В. И. Сборник сведений по истории и статистике внешней торговли России. Т. I. С. 99；Покровский М. Н. Очерк истории русской культуры. Ч. I. С. 130.

表 2.47　1754～1860 年俄国的酒产量①

单位：千桶

年份	产量
1754	3962
1819	18546
1825	11957
1851	39500
1858	51412
1859	59945
1860	60435

---

① 为更好地进行对比，译者寻找了其他相关数据，1754～1860 年俄国酿酒业的生产规模详见下表。

1754～1860 年俄国酿酒业的生产规模

地区	年份	工厂数量（家）	产品数量（百万桶）	产品价值（百万卢布）
大俄罗斯各省	1754	—	3.96	2.8
	1766	—	2.25	1.57
	1775	—	2.95	—
	1801	2506	9.76	5.37
	1819	—	18.6	10.2
	1825	—	12	—
	1828～1830	—	10.8	6
	1831～1835	—	10.3	—
	1836～1840	—	10	5.6
	1841～1845	—	13.9	—
	1846～1850	—	16.8	—
	1851～1855	514	16.6	9.29
	1856～1859	644	20.5	13.7
	1860	723	19.2	13.6
特权省份	1801	19000	6.8	3.4
	1851～1855	—	19.8	9.9
	1856～1859	—	23.4	11.7
	1860	3890	29	14.5

资料来源：邓沛勇、刘向阳《俄国工业史（1700～1917）》，社会科学文献出版社，2021，第 84 页。

由于交通设施落后，粮食销售困难，所以早在 18 世纪，很多地主就在自己的庄园内从事酿酒业。叶卡捷琳娜二世时期的一位农学家写道："一匹马给城市带来的酒相当于六匹马带来的粮食。" 1859 年，酿酒厂的数量达 4624 家。每家酒厂平均的酒产量为 5400 桶，这表明这个时期的酿酒业并不具备大规模资本主义的特征，而是纯粹的小型手工作坊，手工工场的数量也不多。

假定 9 普特面粉能生产约 7.5 桶 40 度伏特加，我们就会发现，19 世纪 50 年代用于酿酒的粮食量约为 2500 万普特。

1825 年酿酒业的衰落与国家垄断伏特加销售密切相关，之后俄国的酒产量再次迅速提升。①

四十一　俄国制糖业的发展规模②

制糖业也是重要的农产品加工部门，1716 年，俄国第一家方糖厂于圣彼得堡成立，1728 年在莫斯科也成立了方糖厂。

到 1773 年，俄国只有两家糖厂，1776 年其数量达到 5 家，1804 年达到 7 家，工人总量为 108 名。

俄国第一家甜菜制糖厂于 1802 年在土拉省成立。

然而，俄国甜菜制糖业在 19 世纪 30 年代后才开始快速发展。

1825 年俄国制糖厂数量为 47 家，1844 年为 199 家，1852 年为

①　19 世纪上半叶，俄国的啤酒产量一直稳居世界首位。参见 Сметанин С. И., Конотопов М. В. Развитие промышленности в крепостной России. С. 180-181。
②　Покровский. В. И.　Сборник. С. 97；Семенов А. Изучение истор. свед. о росс. внешней торг, и пром. Ч. Ⅲ. Спб., 1859. С. 261 - 281, 482 и 493；Огановский Н. П. Очерки по истории земельных отношений в России. С. 312.

408 家，其中包括 380 家甜菜制糖厂和 28 家砂糖加工厂。[①]

19 世纪上半叶，随着大工业的快速发展，俄国制糖业的生产技术有了一定的进步。据统计，1852 年，在俄国的 380 家甜菜制糖厂中，有 77 台蒸汽机和 303 台其他机器。

1858 年，俄国的蔗糖产量达到 120 万普特，而 10 年之前其产量只有 80 万普特。

根据滕戈博尔斯基的统计，欧俄地区共有 35207 俄亩土地种植甜菜。

制糖厂几乎全部使用地主农民为劳动力，所以 1861 年农奴制改革后制糖业因劳动力不足出现了短暂的危机。

19 世纪 30 年代之前，制糖厂的规模都很小。1804 年，7 家制糖厂只有 108 名工人；1814 年，51 家制糖厂共有 252 名工人；1825 年，47 家制糖厂已有 1374 名工人；1850 年，305 家制糖厂共有 26810 名工人。由此可见，制糖业生产的集约化进程相当迅速。

四十二　19世纪上半叶甜菜制糖厂的地区分布[②]

在俄国制糖业的诸多工厂之中，有一部分企业使用甜菜为原料，

---

① 19 世纪初，俄国仅有 8 家制糖厂，工人约 100 名，糖产量约为 5 万普特。1809 年，俄国方糖产量最大的省份是圣彼得堡和阿斯特拉罕，其产量分别为 9.5 万和 1.1 万普特。1812 年制糖厂数量已达 30 家，工人和产品产量分别为 940 人和 28.7 万普特。19 世纪二三十年代，单位制糖厂的工人数量为 30~40 名，平均产量为 16 万~23 万普特。19 世纪 30 年代中期之前，俄国甜菜制糖业发展缓慢，1813~1814 年两家甜菜制糖厂的产量为 1400 普特，1825 年，其产量仅为 1500 普特。参见 Сметанин С. И. , Конотопов М. В. Развитие промышленности в крепостной России. С. 147-149。

② Военно-статистический сборник. С. 422.

它们多分布于南部省份，原因是接近原料产地。19 世纪上半叶甜菜制糖厂的地区分布详见表 2.48。

表 2.48　19 世纪上半叶甜菜制糖厂的地区分布

单位：家，卢布

省份	工厂数量	产值
库尔斯克	22	1605000
唐波夫	14	1023652
土拉	20	1010261
沃罗涅日	11	750312
奥廖尔	8	478000
梁赞	4	60120

总体而言，俄国南部农业区和波罗的海地区的制糖业发展较为迅速。

四十三　1749~1815年俄国糖类产品进口量[①]

虽然俄国糖类产品的产量逐年提升，但一直不能完全满足国内市场需求，只能从国外进口。1749~1815 年俄国糖类产品进口量详见表 2.49。

---

① Покровский. В. И. Сборник. С. 92.

表 2.49　1749~1815 年俄国糖类产品进口量

单位：千普特

年份	年均进口数量
1749	47.0
1758~1760	70.5
1778~1780	192.3
1790~1792	409.8
1800~1805	228.0
1806~1810	348.0
1812~1815	651.0

随着社会经济的发展，俄国居民的糖类产品需求量增加。1749年人均年均糖类产品需求量为 0.11 磅，1790~1792 年为 0.45 磅。19世纪下半叶，随着进口量增加以及国内制糖业的发展，人均年均糖类产品需求量达到 1.33 磅。与此同时，意大利和奥地利的人均年均糖类产品需求量均为 2.5 磅，瑞典、挪威和丹麦均为 4.75 磅，法国为7.5 磅，英国和美国均为 20 磅。

值得一提的是，19 世纪前 10 年糖类产品进口量下降的主要原因是 1812 年俄法战争期间糖价上涨。

四十四　1816~1860年海关征税 与俄国糖类产品进口量[1]

为保护本国制糖工业发展，俄国政府数次提高糖类产品的进口关税，即便如此，糖类产品的进口量也逐年提升，只有在克里米亚战争期间及其后不久，它们的进口量才稍有降低。1816~1860 年海关征税与俄国糖类产品进口量详见表 2.50。

---

[1]　Покровский. В. И. Сборник. С. 92-93.

表 2.50　1816～1860 年海关征税与俄国糖类产品进口量

单位：%，千普特

年份	关税		年份	年均糖类产品进口量
	原糖	精糖		
1817	18.7	38.6	1816～1820	973
1820	10.7	33.2	1821～1825	1038
1821	14.8	—	1826～1830	1236
1822	21.0	禁止进口	1831～1835	1498
1826	33.6	禁止进口	1836～1840	1709
1836	51.2	禁止进口	1841～1845	1937
1842	102.0	禁止进口	1846～1850	1942
1854	82.0	禁止进口	1851～1855	1521
1857	59.8	61.3	1856～1860	1312

　　从俄国大量出现贵族甜菜制糖厂开始，政府就对国外糖类产品征收高额关税。19 世纪中叶，俄国制糖厂的糖类产品可满足本国同类产品需求总量的一半左右，这使得关税略微降低，但高昂的关税仍无法使国外糖类产品大量进入俄国市场。[1]

①　为更好地进行对比，译者寻找了其他相关数据，1700～1860 年俄国糖类产品的进口量详见下表。

1700～1860 年俄国糖类产品的进口量

单位：千普特，千卢布

年份	砂糖		方糖	
	进口量	金额	进口量	金额
1700～1792	209.5	1799	200.4	1989
1802～1804	25.9	343	290	4257
1814～1815	494	4896	—	—
1820～1821	1142	8257	202	2409
1833～1835	1495	6768	26	172.5
1841～1845	1937	—	62.6	—
1842～1844	1946	7437	61	340
1846～1850	1785	7848	71.8	479
1851～1855	1346	5034	104	831
1856～1860	1152	4309	83.2	665

资料来源：邓沛勇《俄国经济史（1700～1917）》，社会科学文献出版社，2020，第 88 页。

四十五　1674~1856年原糖和精糖的价格①

19世纪40年代之前，俄国糖类产品的价格一直波动很大。1805~1810年，糖类产品的价格上涨表现得尤为明显，并受国际市场的影响较大。此时，英国将糖的价格从每磅37戈比提高到2卢布，所以俄国糖类产品的价格也大幅提升。从19世纪40年代起，俄国扩大了甜菜制糖厂的生产规模，虽然糖类产品的价格依然很高，但已比较稳定。

1674~1856年原糖和精糖的价格详见表2.51。

表 2.51　1674~1856 年原糖和精糖的价格

年份	砂糖	精糖	年份	砂糖	精糖
1674	4.5 卢布/普特	6.5 金卢布/普特	1820	30~32 纸卢布/普特	40~50 纸卢布/普特
1731	2 卢布/普特	8 金卢布/普特	1833	24.5 纸卢布/普特	—
1766	4 卢布/普特	6~8 金卢布/普特	1842	7.75 信贷卢布/普特	—
1795	14~17 卢布/普特	16~21 纸卢布/普特	1848	7.33 信贷卢布/普特	—
1803	8.25 卢布/普特	18~19 纸卢布/普特	1851	7.5 信贷卢布/普特	—
1814	40~50 卢布/普特	—	1856	8~9.25 信贷卢布/普特	—

①　Семенов А. Изучение истор. свед. о росс. внешней торг, и пром. Ч. Ⅲ. С. 502–505；Покровский. В. И. Сборник. Т. I. С. 95.

四十六　1802～1860年亚麻、大麻 和麻絮的出口规模[1]

除粮食外，俄国还有其他农产品出口国外，其中备受国际市场青睐的是亚麻、大麻及其相关产品。1802～1860 年亚麻、大麻和麻絮的出口规模详见表 2.52。[2]

表 2.52　1802～1860 年亚麻、大麻和麻絮的出口规模

年份	数量（千普特）			价值		
	亚麻	大麻	麻絮	亚麻	大麻	麻絮
1802～1806	—	—	—	7025	11437	—
1807	1698	3444	—	7276	12395	—
1812～1814	1367	2516	77	15697	26287	392

①　Покровский. В. И. Сборник. Т. I. С. XXIV и 283.

②　为更好地进行对比，译者寻找了其他相关数据，1758～1860 年俄国大麻和亚麻的出口量详见下表。

1758～1860 年俄国大麻和亚麻的出口量

单位：千普特

年份	大麻	亚麻
1758～1760	1936	501
1778～1780	2741	548
1790～1792	3102	299
1801～1804	3333	1115
1807	3444	1698
1812～1814	2516	1367
1816～1820	2512	1207
1821～1825	2753	1741
1826～1830	2403	2378
1831～1835	2779	1921
1836～1840	3138	2740
1841～1845	2639	3222
1846～1850	2732	3516
1851～1855	2349	2810
1856～1860	3161	4049

资料来源：Пажитнов К. А. Очерки истории текстильной промышленности дореволюционной России：Хлопчатобумажная，льно-пеньковая и шелковая промышленность. М.，Изд-во академии наук СССР，1958. С. 215。

续表

年份	数量（千普特）			价值		
	亚麻	大麻	麻絮	亚麻	大麻	麻絮
1815	—	3466	—	14893	36776	1256
1816~1820	1207	2512	185	19272	28786	954
1821~1825	1741	2753	223	28309	24969	1073
1826~1830	2378	2403	345	21245	21746	1457
1831~1835	1921	2779	504	23055	18990	2697
1836~1840	2740	3138	611	29176	27190	3043
1841~1845	3222	2639	667	9064	6536	941
1846~1850	3516	2732	727	9300	6964	1140
1851~1855	2810	2349	725	7241	5564	913
1856~1860	4049	3161	951	13838	8131	1620

注：1802~1840 年价值的统计单位为千纸卢布，1841~1860 年为千信贷卢布。

　　17 世纪和 18 世纪，亚麻和大麻就已是俄国出口的主要农产品之一。1726 年，从圣彼得堡和阿尔汉格尔斯克分别出口了 494310 普特大麻和 59424 普特亚麻；1758~1762 年，上述两大港口分别出口了约 225 万普特大麻和 69.2 万普特亚麻；1793~1795 年，两大港口共出口了 306.2 万普特大麻和价值 847.4 万卢布的大麻絮，以及 126.1 万普特亚麻和亚麻絮，价值为 527 万卢布。1793~1795 年，大麻和亚麻连同其麻絮的出口价值占出口商品总价值的 32%。

　　19 世纪上半叶，大麻出口量几乎保持不变，亚麻的出口量增长了 2.5 倍。19 世纪初，大麻和亚麻出口量占俄国出口货物总量的 24%，而到了 19 世纪中叶，其占比仅为 18.5%。究其原因是 19 世纪上半叶英国和其他欧洲国家的棉纺织工业快速发展。

　　19 世纪 30 年代中期之前，俄国的大麻和亚麻主要出口到英国。英国垄断了亚麻纺织机和纺纱机的生产，并且禁止将它们出口国外，所以英国的麻纺织工业发展最为迅速。从 19 世纪 30 年代下半期开始，亚麻纺织机和纺纱机才开始在奥地利和德意志诸邦国普及，之前这些国家均靠走私进口英国机器。尽管如此，俄国大麻和亚麻产品仍主要出口至英国。

1851～1853 年俄国的大麻和亚麻出口国家及其规模详见表 2.53。

表 2.53　1851～1853 年俄国出口至其他国家的大麻和亚麻数量

单位：千普特

国家	大麻	亚麻
英国	1916	2473
瑞典和挪威	213	11
荷兰	184	20
普鲁士	117	147
丹麦	100	256
美国	100	8
西班牙和葡萄牙	48	115
比利时	15	155
法国	7	444

19 世纪 50 年代，在英国俄国大麻遇到了来自英属印度殖民地大麻的冲击，其价格从 1847～1850 年的 3 卢布/普特下降到 19 世纪 50 年代末期的 50 戈比/普特。在此期间，俄国亚麻的价格也有所下降，从 4 银卢布 14 戈比/普特降至 1 银卢布 33 戈比/普特。

四十七　俄国羊毛的进出口规模[①]

俄国领土广袤，畜牧业相对发达，每年有大量的羊毛出口国外，

---

① 　Покровский. В. И. Сборник. Т. I. С. 291-292.

同时也从国外进口少量羊毛。1802~1860 年俄国羊毛的进出口规模详见表 2.54。

表 2.54　1802~1860 年俄国羊毛的进出口规模

年份	年均出口		年均进口	
	数量（千普特）	金额	数量（千普特）	金额
1802~1807	—	33 千纸卢布	—	—
1812~1815	—	430 千卢布	16	681 千纸卢布
1816~1820	—	868 千卢布	3.5	67 千卢布
1821~1825	—	2221 千卢布	17	308 千卢布
1826~1830	78	1563 千卢布	31	716 千卢布
1831~1835	274	6578 千卢布	19	698 千卢布
1836~1840	356	12309 千卢布	16	594 千卢布
1841~1845	660	6380 千信贷卢布	21	151 千信贷卢布
1846~1850	496	5012 千卢布	25	294 千卢布
1851~1855	691	7702 千卢布	24	108 千卢布
1856~1860	955	12368 千卢布	64	276 千卢布

注：1800~1810 年，年均出口量为 2.4 万普特，参见 Кулиюер И. М. История рус. торг. Птр.，1923. С. 283。1814~1824 年，平均出口量为 3.6 万普特。

从 19 世纪 30 年代开始，俄国的羊毛出口增长尤为迅速，当时的俄国南部地区已开始饲养美利奴羊。俄国当时主要通过展销会获得工厂所需羊毛，以及开展羊毛的出口业务，其中规模最大的展销会是哈尔科夫的特罗伊茨卡亚（Троицкая）展销会。

一般而言，俄国的羊毛进口量很低，但在 19 世纪 50 年代末，当俄国的工厂开始购买纺纱机和机械织布机时，羊毛的进口量急剧增加。由于饲养水平低，在机器上俄国羊毛无法纺出光滑细腻的纱线，且由于其张力缺乏，也经不起精加工。随着俄国高级毛毡生产工业的发展，俄国对澳大利亚进口羊毛的需求日益增加，后来，这种状况更加普遍。

俄国 1/3 的羊毛被直接运往英国。值得一提的是，大部分运往君士坦丁堡的羊毛也最终运至英国。总体而言，19 世纪 40 年代俄国羊毛占英国羊毛进口总量的 10%。在俄国亚洲地区，羊毛的出口量则更显微不足道，19 世纪二三十年代为 2000～4000 普特，四五十年代也很少能达到 5000 普特。

四十八　18世纪和19世纪上半叶俄国的皮革出口量[①]

俄国皮革在国际市场上十分畅销，出口贸易更是历史悠久。18世纪俄国的皮革出口规模详见表 2.55。

表 2.55　18 世纪俄国的皮革出口规模

单位：千普特，千卢布

年份	油性软皮革		其他未加工皮革	
	数量	金额	数量	金额
1749	204.0	1002	7.4	—
1758～1760	172.5	1016	35.5	0.8
1778～1780	140.3	1010	33.7	6.6
1790～1792	112.0	1258	228.8	6.7

19 世纪上半叶，俄国的皮革出口量更大，1802～1850 年俄国的皮革出口规模详见表 2.56。

---

① Кулишер И. М. Истории русской торговли. С. 283 и 284；Покровский. В. И. Сборник. Т. I. С. 183-184.

表 2.56　1802～1850 年俄国的皮革出口规模

年份	平均年出口价值	其中包括	
		未加工的皮革	成品皮革
1802～1805	2019 千纸卢布	126 千纸卢布	1893 千纸卢布
1806～1807	1774 千卢布	140 千卢布	1634 千卢布
1812～1815	5369 千卢布	1140 千卢布	4229 千卢布
1816～1820	4898 千卢布	792 千卢布	4106 千卢布
1821～1825	6486 千卢布	2126 千卢布	4360 千卢布
1826～1830	9583 千卢布	4018 千卢布	5565 千卢布
1831～1835	12732 千卢布	6919 千卢布	5813 千卢布
1836～1840	9476 千卢布	4282 千卢布	5194 千卢布
1841～1845	2940 千信贷卢布	1462 千信贷卢布	1478 千信贷卢布
1846～1850	2333 千卢布	918 千卢布	1415 千卢布

　　17 世纪，皮革出口量占俄国出口商品总量的 1/3，其中成品革和油性软皮革占多数。18 世纪，皮革的出口数量出现下降，但其价值呈增加趋势。此时主要的出口产品仍是油性软皮革，究其原因是政府禁止出口未加工皮革。19 世纪，皮革出口量增长一直持续到 30 年代中期，随后增长趋势停止。1802～1807 年，出口的皮革之中，未加工皮革的占比为 6%，1846～1855 年其占比达到 35%。

　　19 世纪 30 年代中期，成品革出口停止的原因是国内市场消费量增加。在此期间，对小工厂生产的此类商品并没有征收出口税。

　　19 世纪初，未加工皮革的出口量增加尤为明显，究其原因是当时养牛业快速发展，产品出口关税降低，此时俄国工厂也无法消耗掉全部的皮革。

四十九　1762~1861年俄国的农民起义①

自从彼得三世颁布贵族自由宣言以来，农民就期待颁布自由法律，在每一任沙皇登基之初农民都经常发生骚动和起义。这些农民运动的共同特点是随着商品货币关系逐步渗透至农业之中。农民起义的主要原因是非黑土区赋税的增加、黑土区劳役地租的增长、农民参与工厂劳动以及土地被剥夺等。

在叶卡捷琳娜二世统治的前 7 年（1762~1769 年），已知农民起义的次数就高达 40 次。

1773~1775 年，乌拉尔和伏尔加河地区的领有农民和地主农民就曾爆发起义。

在叶卡捷琳娜二世统治的最后几年，农民起义的次数达 20 起。1779 年，诺夫哥罗德省还爆发了一场当地规模最大的农民起义。

保罗一世统治初期，仅 1796~1797 年就发生了 278 次农民起义，1799 年和 1800 年各爆发了 1 次农民起义。人们对亚历山大一世统治时期农民起义的了解相对较少。正如尤尔·赫森（Юл. Гессен）在《俄罗斯东部劳工档案》（1921 年）第一卷中所展示的那样，对档案资料的研究使我们发现了大量的案例，在俄法战争期间和 1818~1820

① Семевский В. И. Крестьяне в царствование Екатерины Ⅱ. 2 том；Фирсов Н. Н. Пугачевщина. Спб.，；Трифильев Е. П. Очерки из истории крепостного права в России. Харьков.，1904；Милюков П. Н. Крестьяне，в "Энц. Слов." Брокгауза；Игнатович И. И. Крестьянские волнения，в Ⅲ т. "Великой Реформы". Изд.，Сытина；ее же："Помещичьи крестьяне накануне освобождения"（гл. Ⅷ）；Покровский М. Н. Очерк истории русской культуры. Ч. I.

年，发生了规模特别大的农民起义。

在尼古拉一世统治时期，农民运动的浪潮一浪高过一浪，农民起义的具体数量详见表 2.57。①

表 2.57　尼古拉一世统治时期俄国农民起义的次数

单位：次

年份	次数
1826~1829	89
1830~1834	60
1835~1839	78
1840~1844	138
1845~1849	207
1850~1854	141

从表 2.57 看出，1826~1854 年 29 年间共发生了 713 次起义，年均 25 起。

克里米亚战争引发了新一轮的农民起义浪潮，1854~1856 年，起

---

① 为更好地进行对比，译者寻找了其他相关数据。1801~1860 年农民运动数量详见下表。

1801~1860 年农民运动数量

单位：次

年份	数量	年份	数量
1801~1805	85	1836~1840	202
1806~1810	89	1841~1845	231
1811~1815	153	1846~1850	314
1816~1820	159	1851~1855	158
1821~1825	165	1856~1860	852
1826~1830	216	总计	2750
1831~1835	126		

资料来源：李桂英《亚历山大二世 1861 年农民改革研究》，吉林大学博士学位论文，2008，第 17 页。

义呈现大规模的特征。

由农民组成的民兵讨伐的并不是外敌，而是总督和他们的地主。为镇压农民起义，政府大肆调兵，仅基辅省就派出 16 个骑兵中队、2 个工兵连、1 个后备营和 1 个肃反营镇压农民起义。

与此同时，伴随着大规模起义，针对地主和世袭贵族的暗杀和谋杀行动也呈上升趋势。1836～1854 年，谋杀未遂案件有 75 起，平均每年 4 起；谋杀地主案件有 144 起，平均每年 8 起。

农民的大规模逃亡事件也更加显著。在库尔斯克省，46 个庄园的 20000 多名农民准备出逃；在莫吉廖夫省和维捷布斯克省，有多达 90000 人准备出逃。① 为此，贵族不得不用武力阻止。

亚历山大二世继位后，农民的情绪丝毫没有平静下来。1857 年爆发了 40 次起义，有 24 个庄园实行了军事管制，有 16 个庄园由地方警察接管。

1858 年，内务部收到了 170 多个庄园发生起义的报告。1859 年，沙皇收到 100 个不服从命令的报告。官方数据显示，1860 年爆发了

---

① 为了解更多详情，译者寻找了其他相关数据。1826～1857 年逃跑农民的年龄构成详见下表。

1826～1857 年逃跑农民的年龄构成

年龄	人数（人）	占比（%）
25 岁及以下	230	47.9
26～35 岁	146	30.4
36～45 岁	59	12.3
46～55 岁	34	7.1
55 岁以上	11	2.3
总计	480	100

资料来源：李桂英《亚历山大二世 1861 年农民改革研究》，吉林大学博士学位论文，2008，第 19 页。

70 次农民起义事件，1861 年 1~3 月，在解放农民法令颁布之前，已知农民起义就有 10 多起。

В. И. 谢梅夫斯基（В. И. Семевский）在《农民问题》第二卷中说，"普加乔夫的幽灵"，"永远困扰着我们的贵族，在他们之间蔓延滋生，提醒他们必须为自己的利益而取缔农奴制"。①

在解放农民时，亚历山大二世最担心的是农民起义，这并非没有道理。事实证明，他在颁布解放农民法令之后，农民们感到自己被欺骗，曾发动 2000 多次暴乱。

---

① Семевский В. М. Крестьянский вопрос Т. Ⅱ. Спб., 1888. С. 571.

第三章　工业

一　18世纪末至19世纪初俄国的劳动力市场[①]

1861 年农奴制改革之前，农民被固定在地主土地之上，不能随意离开。随着资本主义生产关系的逐渐普及，劳动力需求量大增，城市内的劳动力已不能满足工业发展的需求，为此只能从农村招工。因此，各地政府颁发给农民的护照数量是衡量此时工业发展水平的重要指标之一。

雅罗斯拉夫省是农民外出务工较多的省份之一，18 世纪末至 19 世纪初雅罗斯拉夫省各级政府颁发给农民的护照数量详见表 3.1。

---

① Туган-Барановский М. И. Русская фабрика в прошлом и настоящем：Историко-экономическое исследование. Т. 1. Историческое развитие русской фабрики в XIX веке. Т. 1. Изд. 3. СПб.，1907. С. 47–48；Огановский Н. П. Очерки по истории земельных отношений в России. Саратов.，Сотрудничество，1911. С. 363–364.

表 3.1　18 世纪末至 19 世纪初雅罗斯拉夫省
各级政府颁发给农民的护照数量

单位：个

年份	数量	年份	数量
1778	53656	1798	73663
1788	70144	1802	69539

第 5 次人口调查（1796 年）显示，雅罗斯拉夫省共有男性居民
385008 人，其中约有 20% 的男性居民外出务工。

莫斯科是俄国最大的工业中心之一，由于大工业的快速发展，
劳动力需求量大增，其周边地区各县城的农民则是劳动力的主要来
源。18 世纪末至 19 世纪初莫斯科省各级政府颁发的护照数量详见
表 3.2。

表 3.2　18 世纪末至 19 世纪初莫斯科省各级政府颁发的护照数量

单位：个

年份	数量	年份	数量
1799	48932	1803	52922

第 5 次人口调查数据显示，莫斯科省男性居民的总数量为
434441 名。

18 世纪末至 19 世纪初，男性居民的数量明显增加，但外出务工
农民的数量占比不超过 10%，足以证明此时工业发展规模有限。

科斯特罗马省也是中部工业区的省份之一，因其工业发展水平落
后于莫斯科省，有大量农民到周边省份务工。18 世纪末至 19 世纪初
科斯特罗马省各县城颁发的护照数量详见表 3.3。

表 3.3　18 世纪末至 19 世纪初科斯特罗马省各县城颁发的护照数量

单位：个

县城	年份	数量
涅列霍赫斯克	1790	2273
	1800	3392
	1804	3077
加利茨基赫	1786	3777
	1796	2972
	1805	4314
科洛格里夫斯克	1786	2275
	1796	2056
	1804	2547
索利加利茨基	1790	2428
	1800	4006

要衡量科斯特罗马省农民外出务工指标，必须要探究此时该省男性居民的数量。第 5 次人口调查时科斯特罗马省各县城男性居民的数量详见表 3.4。

表 3.4　第 5 次人口调查时科斯特罗马省各县城男性居民的数量

单位：人

县城	数量	县城	数量
涅列霍赫斯克	60853	科洛格里夫斯克	24948
加利茨基赫	37575	索利加利茨基	18510

结合表 3.3 和表 3.4 中数据可知，18 世纪末，索利加利茨基县城中外出务工男性居民的数量占比不足 20%，加利茨基赫和科洛格里夫斯克县城中外出务工男性居民的数量占比不足 10%，涅列霍赫斯克县城中外出务工男性居民的数量占比不足 5%。

除地主农民之外，也有大量国家农民因没有土地或土地数量较少而外出务工，他们也是工业劳动力的来源之一。19 世纪上半叶部分省份从事非农业活动的国家农民①数量及占比详见表 3.5。

表 3.5　19 世纪上半叶部分省份从事非农业活动的国家农民数量及占比

单位：千人，%

省　份	数　量	占工业劳动力的比例
科斯特罗马	35.4	85
弗拉基米尔	57.2	75
莫斯科	66.6	91
诺夫哥罗德	44.0	—
特维尔	113.2	91.3

由表 3.5 中数据可知，上述省份中大量的国家农民赴工业省份务工，他们或从事手工业，或直接在工厂中做工。

以上数据主要呈现的是非黑土区省份农民外出务工状况。在黑土区各省，虽然土地十分肥沃，农业发达，但农民外出务工的现象也十分常见，主要原因是这些地区农民的人均土地占有量日渐减少。由于人均土地数量大幅减少，很多地区的居民向外迁移。据统计，19 世纪50 年代，中部农业区和小俄罗斯地区迁移至新俄罗斯地区的农民数量

---

①　19 世纪上半叶，俄国农民主要分为六类：一是国家农民，1866 年前属于国家所有；二是地主农民，1861 年前属于贵族地主所有；三是皇室农民，亦称宫廷农民，1863 年前属于皇室所有；四是寺院农民，1764 年教会世俗化改革之前归教会所有；五是经济农民，主要存在于 1764~1811 年，后被划入国家农民行列；六是领有农民，1861 年前属于领有工厂，出现于 18 世纪，主要为政府划拨给商人手工工场的国家农民。国家农民包括原来耕种国有土地的农民、不属于贵族和皇室的各类农民，主要涉及伏尔加河流域、乌拉尔北部地区和西伯利亚缴纳特殊税（毛皮税）的非俄罗斯人，以及 1764 年教会世俗化改革后教会或修道院的农民，他们主要分布于乌克兰南部边境、俄国东南部地区、中部黑土区、北方沿海和西伯利亚等地。——译者注

达 30 万名。因份地数量减少，农民们只能另谋生路，一部分农民赴城市工厂打工，另一部分农民由中部地区迁移至边疆地区继续从事农业生产。只是此时移民的规模有限，大部分外出农民选择进城务工。

从 18 世纪开始，劳动的社会分工越发明显，俄国各地的生产模式日渐专业化，逐渐形成北部工业区和南部农业区，但因没有废除农奴制，所以此时工农业生产大多依靠强制劳动力。在各地经济联系逐渐密切的同时，国内商品市场也逐步形成，北方成为重要的农产品销售市场，南方成为重要的工业品销售市场。与此同时，大工厂中工人的数量逐渐增加，工人阶级随之产生。

二　18世纪俄国工厂数量增加

工厂数量是衡量工业发展规模的重要指标。17 世纪末，俄国仅有 15 家工厂[①]。18 世纪，俄国工厂的数量大幅增加，其具体数量详见表 3.6。[②]

表 3.6　18 世纪俄国工厂数量

单位：家

年份	工厂数量	年份	工厂数量
1727	233	1796	3161
1762	984		

①　此时工厂在一定程度上仅可被称为大型手工工场，因原文的表述为工厂，所以此处保持原意。——译者注

②　Туган-Барановский М. И. Русская фабрика в прошлом и настоящем: Историко-экономическое исследование. Т. 1. Историческое развитие русской фабрики в XIX веке. Т. 1. Изд. 3. СПб. ，1907. С. 45，82；Ничет В. И. История народного хозяйства в России. М. ，Русский книжник，1922. С. 25.

18 世纪，俄国所有的大型工业部门均快速发展，但此时工业品的销售范围有限，工厂生产的产品主要满足国内市场需求。在所有工业部门中，冶金、呢绒、麻纺织和造纸工业发展速度较快。据统计，1773 年，除采矿工业外，俄国大工厂的产品价值约为 354.8 万卢布，其中呢绒工厂和毛纺织工厂的产品价值为 117.8 万卢布，麻纺织工厂的产品价值为 77.7 万卢布，造纸工厂的产品价值为 10.1 万卢布。

除满足国内市场需求外，冶金和亚麻工厂生产的部分产品还销售至国际市场。此时，国际市场上俄国部分工业品十分畅销。1790~1792 年，俄国出口产品的总价值为 2600 万银卢布，其中加工产品（工业品）的价值为 840 万卢布，冶金产品的价值为 330 万卢布，亚麻制品和粗麻布的价值为 240 万卢布。

18 世纪初至 18 世纪 20 年代，国内市场中俄国工业品的销量不高。虽然富人的工业品需求量很高，但他们喜欢的多是昂贵商品，这些货物大多从国外进口。18 世纪上半叶，随着生产的专业化趋势加强，加上交通运输业的日渐发展，国内市场的范围不断拓宽，此时不只是手工业品，工业品也开始大量在国内市场上销售。在此背景下，资本主义类型的大工厂纷纷建立，它们开始使用雇佣劳动力，与世袭工厂和领有工厂相竞争，相较而言，大工厂所产产品的竞争力很强。

三　1804~1861年工厂和工人数量增加①

19 世纪上半叶，随着资本主义生产关系的逐渐普及，大工厂和

---

①　本节数据针对绝大部分工厂，制糖厂和烟草厂也包含其中，但采矿厂和酿酒厂除外。

工人数量明显增加，1804～1861年俄国工厂和工人数量详见表3.7。[1][2]

表 3.7　1804~1861 年俄国工厂和工人数量

年份	工厂数量（家）	工人数量（人）	单位工厂工人数量（人/家）
1804 年	2423	95202	39

---

[1] Туган-Барановский М. И. Русская фабрика в прошлом и настоящем：Историко-
[2] экономическое исследование. Т. 1. Историческое развитие русской фабрики в
XIX веке. Т. 1. Изд. 3. СПб. ，1907. С. 76-77.
为更好地进行对比，译者寻找了其他相关数据。1815～1861 年俄国工业发展状
况详见下表。

1815~1861 年俄国工业发展状况（波兰与芬兰地区除外）

年份	工厂数量（家）	工人数量（人）	单位工厂工人数量（人/家）	年份	工厂数量（家）	工人数量（人）	单位工厂工人数量（人/家）
1815	4189	172882	41	1840	6863	435788	63
1816	4484	187061	42	1841	6831	429638	63
1817	4385	187337	43	1842	6939	455827	66
1818	4457	178419	40	1843	6813	466579	68
1819	4531	176635	39	1844	7399	469211	63
1820	4578	179610	39	1845	8302	507577	61
1825	5261	210568	40	1846	8333	508607	61
1826	5128	206480	40	1847	9029	532056	59
1827	5122	209547	41	1848	8928	483542	54
1828	5244	225414	43	1849	9172	495364	54
1829	5260	231624	44	1850	9848	501639	51
1830	5450	253893	47	1851	10126	465016	46
1831	5599	264358	47	1852	10388	470914	45
1832	5636	272490	48	1853	10087	481018	47
1833	5664	273969	48	1854	9944	459637	46
1836	5332	324203	61	1856	11556	518661	45
1837	6450	376838	58	1857	10856	513324	47
1838	6855	412931	60	1858	12198	548921	45
1839	6894	454980	66	1861	14148	522500	37

资料来源：图甘-巴拉诺夫斯基《19 世纪俄国工厂发展史》（第四版），张广翔、邓沛勇译，社会科学文献出版社，2017，第 15 页。

续表

年份	工厂数量（家）	工人数量（人）	单位工厂工人数量（人/家）
1815	4189	172882	41
1816	4484	187061	42
1817	4385	187337	43
1818	4457	178419	40
1819	4531	176635	39
1820	4578	179610	39
1825	5261	210568	40
1826	5128	206480	40
1827	5122	209547	41
1828	5244	225414	43
1829	5260	231624	44
1830	5450	253893	47
1831	5599	264358	47
1832	5656	272490	48
1833	5708	273969	48
1836	6332	324203	51
1837	6450	376838	58
1838	6855	412931	60
1839	6894	454980	66
1840	6863	435788	63
1841	6831	429638	63
1842	6939	455827	66
1843	6813	466579	68
1844	7399	469211	63
1845	8302	507577	61
1846	8333	508607	61
1847	9029	532056	59
1848	8928	483542	54
1849	9172	495364	54

年份	工厂数量（家）	工人数量（人）	单位工厂工人数量（人/家）
1850	9848	501630	51
1851	10126	465016	46
1852	10388	470914	45
1853	10087	481018	48
1854	9944	459637	46
1856	11556	518661	45
1857	10856	513324	47
1858	12259	548921	45
1861	14148	522500	37

注：1804 年采用的是谢苗诺夫的数据，该数据很可能有些夸大。

由表 3.7 中数据可知，1847 年之前，工厂内工人的数量整体快速增加，随后这种趋势停止。1843 年之前，单位工厂工人数量整体呈增长趋势，随后整体呈下降趋势。总体上看，在 19 世纪 40 年代之前，工厂的生产能力明显增强，工厂规模也随之扩大；从 19 世纪 40 年代末开始，大工厂的产品产量增长趋势停止，工厂数量增加缓慢。

出现上述状况的原因有二：一是俄国大工厂的生产技术低下；二是小手工业的快速发展。19 世纪 40 年代，工厂数量增长迅速。值得一提的是，此时手工业也快速发展，手工作坊的纺织品产量大增。很多小手工业者之前均是纺织工厂的工人，他们在工厂学会纺织技术后，纷纷回家生产。工厂并不直接给手工作坊提供丝线，而是由工厂代理处为小手工作坊提供丝线，手工业者获得原料后在家进行生产。由于手工业的冲击，大工厂规模日渐萎缩，工人数量开始减少。虽然生产技术明显落后，但生产技术在大工业中的推广仍为 1861 年农奴制改革后俄国大工业的快速发展奠定了一定的基础。

四 1765~1850年俄国大工业的发展规模[①]

从18世纪下半叶开始，俄国大工业快速发展，1765~1850年俄国大工业发展规模详见表3.8。

表3.8 1765~1850年俄国大工业发展规模

年份	工厂数量（家）	工人数量（人）	生产额（百万卢布）
1765	262	37862	5.0
1776	478	50543	10.0
1804	2423	95000	25.0
1825	5261	210568	46.5
1850	9843	517679	166.0

注：表中所列的工厂数据中并不包括采矿企业，生产额中也不含消费税。

值得一提的是，1765年和1776年，因诸多因素所致，当时诸多工业部门中的工厂并没有登记注册，所以数据可能会有遗漏，由于此时统计方法落后和工作人员数量不多，数据丢失的状况也十分常见。即便如此，上述数据也足以反映此时俄国大工业发展的总体方向。

表3.8中1773年数据并不全面，此时除采矿工业外，很多工业

[①] Туган-Барановский М. И. Русская фабрика в прошлом и настоящем：Историко-экономическое исследование. Т. 1. Историческое развитие русской фабрики в XIX веке. Т. 1. Изд. 3. СПб.，1907. С. 45；Милюков П. Н. Очерки по истории русской культуры. Изд. 5. С. 92；Пажитнов К. А. Положение рабочего класса в России. Т. 1. С. 15；Семенов А. Изучение исторических сведений о российской торговле и промышленности. Ч. III. С. 257；Ничет В. И. История народного хозяйства в России. М.，Русский книжник，1922. С. 79.

部门均十分繁荣。数据显示，当年商品的生产额为354.8万卢布，其中呢绒工业的产品价值为117.8万卢布，麻纺织工业的产品价值为47.7万卢布，丝织工业的产品价值为46.1万卢布，造纸工业的产品价值为10.1万卢布。

19世纪上半叶，棉纺织工业的发展速度和规模远超其他工业部门。1861年农奴制改革前夕，棉纺织工厂的产品价值已达7100万卢布。

尽管19世纪上半叶俄国加工工业取得了骄人的成就，国内市场不断拓展，各地区间的联系日渐深化，50年间（1800~1850年）产品产量增长了近4倍，但工业品的价值仍低于农产品的价值。

五　1846年俄国工厂的分布[①]

除了大工业的发展规模之外，俄国工厂的区域分布也值得探究，1846年俄国部分省份的大工厂生产规模和工人数量详见表3.9。

表3.9　1846年俄国部分省份的大工业生产规模和工人数量

单位：家，人

省　份	工厂数量	工人数量	省　份	工厂数量	工人数量
莫斯科	1249	114454	卡卢加	125	17463
弗拉基米尔	327	83421	奥伦堡	185	16026
彼尔姆	352	37754	唐波夫	190	13479
土拉	172	22984	基辅	183	12090
圣彼得堡	264	21751	库尔斯克	265	11161
科斯特罗马	72	18178	哈尔科夫	160	10742

---

① Пажитнов К. А. Положение рабочего класса в России. Т. 1. С. 16.

中部工业区的纺织工业发展迅速，乌拉尔采矿工业仍保留了昔日的辉煌，圣彼得堡和基辅等地的工业发展速度紧随其后。

就各城市而言，虽然19世纪40年代莫斯科工业企业的数量开始减少，但其大工业的发展最为迅速。值得一提的是，在很长一段时间内，莫斯科工厂和工人数据变化不大，1864年莫斯科工厂数量为550家，工人数量为39524名。由于大工厂的木材消耗量巨大，加上燃料价格上涨，部分企业开始向农村迁移。

此时，圣彼得堡的工厂和工人数量不断增加。1846年，圣彼得堡共有209家工厂，工人数量为11620名；1863年，圣彼得堡共有377家工厂，工人数量为21865名。

圣彼得堡工业的快速发展得益于铁路的修建，其中皇村和圣彼得堡—莫斯科等铁路具有代表性。①

---

① 皇村铁路是俄国第一条正规铁路，该铁路于1837年通行，亦是俄国铁路建设的开端。1836年5月1日，皇村至巴甫洛夫段铁路正式开始施工，1836年末，该铁路段的路基铺设工作已基本完成。路基铺设过程中共建成42座桥梁，包括：40座木桥，长度大多为2~4米；两座石桥，长度分别为26.5米和15米。铁路两侧的路基宽度约为5.5米，轨道间距约0.9米。1837年10月30日，首班列车通车仪式于皇村举行，列车由8节客运车厢构成，尼古拉一世及部分皇族成员也亲自乘坐该次列车，车速为60俄里/时，全程21俄里。圣彼得堡—莫斯科铁路于1843年3月同时从两个方向修建，北段为圣彼得堡至丘多沃段，南段为维什尼沃罗丘克至特维尔段。圣彼得堡—莫斯科铁路建设历时9年，于1851年竣工，全长656俄里。圣彼得堡—莫斯科铁路第一列火车由15节车厢组成，各节车厢的载重量为50.1万普特，平均速度为18俄里/时。圣彼得堡—莫斯科铁路为俄国现代铁路建设的开端，铁路的政治、经济和军事意义突出。——译者注

六　1804年和1825年俄国各工业部门中雇佣工人的占比[①]

19 世纪初，俄国的各大工业部门中，除雇佣工人外，还有强制工人，在部分工业部门中，强制工人还占主导。

1804 年，俄国共有 2423 家工厂，工人 95202 名，其中雇佣工人数量为 45625 名。

1825 年，俄国共有 5261 家工厂，工人 210568 名，其中雇佣工人数量为 11115 名。

1804 年和 1825 年俄国各工业部门的生产规模详见表 3.10。

表 3.10　1804 年和 1825 年俄国各工业部门的生产规模

工业部门	年份	工厂数量（家）	工人数量（人）	雇佣工人数量（人）	雇佣工人占比（%）
冶铁	1804	26	4121	1144	28
	1825	170	22440	4970	22
造纸	1804	64	6957	1533	22
	1825	87	8272	2019	24
呢绒和毛纺织	1804	155	28689	2788	10
	1825	324	63603	11705	18

[①] Туган-Барановский М. И. Русская фабрика в прошлом и настоящем: Историко-экономическое исследование. Т. 1. Историческое развитие русской фабрики в XIX веке. Т. 1. Изд. 3. СПб., 1907. С. 85–86, 89.

续表

工业部门	年份	工厂数量（家）	工人数量（人）	雇佣工人数量（人）	雇佣工人占比（%）
麻纺织	1804	285	23711	14327	60
	1825	196	26832	18720	70
丝织	1804	328	8953	6625	74
	1825	184	10204	8481	83
皮革	1804	850	6304	6115	97
	1825	1784	8001	7460	93
索具制造	1804	58	1520	1295	85
	1825	98	2503	2303	92
棉纺织	1804	199	6566	5436	83
	1825	484	47021	44535	95

由表 3.10 中数据可知，1804 年和 1825 年，在众多工业部门中，冶铁工业和皮革工业中雇佣工人的占比降低。在呢绒和毛纺织工业中雇佣工人的占比提升。在所有工业部门中，棉纺织工业中雇佣工人的数量增速最快，1825 年雇佣工人的占比最高。

七　1825年俄国主要工业部门中强制工人和雇佣工人的规模[①]

1825 年俄国主要工业部门中强制工人和雇佣工人的规模详见

① Туган-Барановский М. И. Русская фабрика в прошлом и настоящем: Историко-экономическое исследование. Т. 1. Историческое развитие русской фабрики в XIX веке. Т. 1. Изд. 3. СПб., 1907. С. 86, 89.

表 3.11。①

表 3.11 1825 年俄国主要工业部门中强制工人和雇佣工人的规模

单位：人

主要工业部门	所有工人数量	地主工人数量	领有工人数量	雇佣工人数量
呢绒	63603	38583	13315	11705
棉纺织	47021	247	2239	44535
麻纺织	26832	1483	6629	18720
冶金	22440	14820	2650	4970
丝织	10204	658	1065	8481
造纸	8272	3350	2903	2019
皮革	8001	539	2	7460

---

① 为更好地进行对比，译者寻找了其他相关数据。1825 年俄国工厂工人数量详见下表。

1825 年俄国工厂工人数量

单位：人

主要生产部门	工人总数	其中包括	
		地主工人	隶属和购买工人
呢　绒	63603	38583	13315
棉纺织	47021	247	2239
亚　麻	26832	1483	6629
丝　织	10204	658	1065
造　纸	8272	3350	2903
炼钢、制针、铸铁	22440	14820	2650
制　索	2503	167	33
皮　革	8001	539	2
总　计	188876	59847	28836

资料来源：图甘-巴拉诺夫斯基《19 世纪俄国工厂发展史》（第四版），张广翔、邓沛勇译，社会科学文献出版社，2017，第 36 页。

续表

主要工业部门	所有工人数量	地主工人数量	领有工人数量	雇佣工人数量
索具制造	2503	167	33	2303
其他	21690	7678	492	13520
总　计	210566	67525	29328	113913

　　在此时的俄国工人中，强制工人的数量非常多，其中呢绒、冶金和造纸等工业部门中强制工人的占比较高。在麻纺织等工业部门中，强制工人的数量同样不容忽视。18世纪俄国大工业的劳动力以强制工人为主，19世纪上半叶，为政府和国际市场供货的工业部门的劳动力使用状况发生改变，它们开始使用雇佣工人，其产品也开始在国内市场销售。这些工业部门的产品在国内市场销售之后，为提高生产效率，很多大工厂开始完善生产技术，工厂内雇佣工人的占比也逐年提升（麻纺织工业和呢绒工业较具代表性）。与18世纪不同的是，19世纪上半叶，很多快速发展的工业部门之中，雇佣工人一直占主导，棉纺织工业和丝织工业就是代表。

八　1804~1852年使用强制工人和雇佣工人的工业部门对比①

　　19世纪上半叶，部分工业部门仍以强制工人为主，其中冶金、呢绒和造纸工业中强制工人数量较多，可将之列为第一批次，其余使

---

① Балабанов М. Очерки по истории рабочего класса в России. Киев. , 1923. С. 68.

· 128 ·

用雇佣工人较多的工业部门可划分为第二批次，两类工业部门中雇佣工人的数量详见表 3.12。①

表 3.12 19 世纪上半叶两类工业部门中雇佣工人的数量

单位：人

年份	第一批次	第二批次
1804	39768	55015
1812	55434	60078
1825	94315	116253
1830	97310	156583
1852	142806	328608

第二批次工业部门中工人快速增长，由此可知，使用雇佣工人的工业部门的工人数量增速明显。

---

① 为更好地进行对比，译者寻找了其他相关数据。1804 年主要生产部门雇佣工人与强制工人的数量详见下表。

1804 年主要生产部门雇佣工人与强制工人的数量

主要生产部门	工厂数量（家）	工人总计（人）	雇佣工人数量（人）	单位工厂工人数量（人/家）
呢绒与毛纺织工厂	155	28689	2788	185
亚麻工厂	285	23711	14327	83
印花布与细平布工厂	199	6566	5436	33
丝织工厂	328	8953	6625	27
造纸厂	64	6957	1533	109
炼钢、制针与冶铁厂	26	4121	1144	159
皮革厂	850	6304	6115	7
制索厂	58	1520	1295	26
玻璃厂	114	3937	1685	35

资料来源：图甘-巴拉诺夫斯基《19 世纪俄国工厂发展史》（第四版），张广翔、邓沛勇译，社会科学文献出版社，2017，第 22 页。

九　19世纪上半叶俄国工厂工人的工资[①]

工人工资也是研究工业发展水平的重要指标，因数据有限，笔者仅以部分工厂的工人工资为例进行研究。

贵族拉扎列夫（Лазарпев）所属弗里亚诺夫斯基（Фряновский）丝织工厂的工人工资水平详见表3.13。[②]

[①]　Туган-Барановский М. И. Русская фабрика в прошлом и настоящем：Историко-экономическое исследование.　Т. 1. Историческое развитие русской фабрики в XIX веке. Т. 1. Изд. 3. СПб.，1907.　С.　186，190－191，201，204，206，208，209.

[②]　为更好地进行对比，译者寻找了其他相关数据。1802~1820 年俄国工人的工资水平详见下表。

1802~1820 年俄国工人的工资水平

单位：卢布，%

工种	1802 年	1818 年	1820 年	1820 年与 1802 年相比增加比例
织布工	5.06	14.00	15.50	206
挑选工	3.38	8.42	9.92	193
摇纬工	—	3.25	3.33	—
15 岁以下卷线女工	1.08	3.09	3.53	227
15 岁及以上卷线女工	1.50	3.53	4.42	195
锅炉工	2.23	4.50	5.00	124
经线拆卸工	3.25	5.00	6.25	92

资料来源：图甘-巴拉诺夫斯基《19 世纪俄国工厂发展史》（第四版），张广翔、邓沛勇译，社会科学文献出版社，2017，第 94 页。

表 3.13 贵族拉扎列夫所属弗里亚诺夫斯基丝织工厂的工人工资水平

工人类别	1818 年工人数量（人）	工资水平（卢布）		工资增长率（%）
		1802 年	1820 年	
织 工	187	5.06	15.50	206
拣选工	90	3.38	9.92	193
摇纬女工	388	1.08*	3.53	227
		1.50**	4.42	195
经线拆卸工	15	3.25	6.25	92

注：* 表示 15 岁以下女工的工资水平，** 表示 15 岁及以上女工的工资水平。

由相关数据可知，1799~1803 年莫斯科省黑麦粉的价格为 66 戈比/普特，而 1816~1820 年黑麦粉的价格为 158 戈比/普特，在此期间黑麦粉的价格增长了 139%。值得一提的是，19 世纪前 20 年，所有工业部门工人的实际工资水平仅提升 25% 左右。很明显，弗里亚诺夫斯基丝织工厂的工人工资水平十分低下。1836 年粮食价格明显回落，当年莫斯科黑麦粉的价格为 112 戈比/普特，1837~1839 年黑麦粉的价格提升至 135 戈比/普特，由此可知，工人工资中用于食物消费的货币占比很高。

此时，雇佣工人的工资水平明显高于领有工人。19 世纪 30 年代上半期，领有工厂内织工的年均工资为 185 卢布，而雇佣工人的年均工资为 350 卢布，领有印花工的年均工资为 92~284 卢布，而雇佣印花工的年均工资为 420~600 卢布。

1843 年丘宾镇商人杜卢波夫所属领有工厂的工人工资水平详见

表 3.14。①

雅罗斯拉夫省亚克夫列夫世袭亚麻工厂的工人工资详见表 3.15。

表 3.14　1843 年丘宾镇商人杜卢波夫所属领有工厂的工人工资水平

单位：卢布

工人种类	工资	工人种类	工资
织　工	22~30	童　工	9
摇纬工	24	呢绒清洗工	11~13
捻经工	8	染色工	24
抖丝工	11	剪绒工	26
卷线工	10~12	清棉工	15~25
整经工	21	缩绒工	20~25

---

① 为更好地进行对比，译者寻找了其他相关数据。19 世纪三四十年代库巴维尼工厂的工人月均工资详见下表。

19 世纪三四十年代库巴维尼工厂的工人月均工资

单位：卢布

工人种类	1834 年	1843 年
织工（呢绒工）	23.00	26.00
整经工	13.50	24.25
拉纬工	11.00	—
捻经工	4.00	—
抖丝工	8.00	9.00
蒸汽机工	—	17.50
清棉工	10.00	15.00
清棉童工	7.00	8.50
梳毛童工	7.00	8.50
捻经童工	3.50	5.50
毛线挑选工	7.50	15.00
钳工	11.50	16.00
锻工	11.00	20.50
修筘工	12.00	15.00
细木工	12.50	20.00
锅炉工人	11.00	17.00
更夫	9.50	10.00
清洁童工（清洗机器）	7.00	10.00
寡妇、孤儿和残疾人	0.75~3	0.75~4

资料来源：图甘-巴拉诺夫斯基《19 世纪俄国工厂发展史》（第四版），张广翔、邓沛勇译，社会科学文献出版社，2017，第 97 页。

表 3.15　雅罗斯拉夫省亚克夫列夫世袭亚麻工厂的工人工资

单位：卢布

工人种类	1803 年	1817 年
男织工	4.15	15.00
女织工	2.52	10.00

值得一提的是，其他亚麻工厂的工人工资也明显提升。

与其他工业部门一样，俄国棉纺织工厂工人的工资也明显提升。

1806 年，格拉切夫领有工厂的月均工资为 10 纸卢布，此时面粉的价格为 66 戈比/普特。

1856 年，自由手工织工的月均工资低于 7 银卢布，此时面粉价格为 47 银戈比/普特。

由以上数据可知，1856 年自由手工织工的实际工资水平低于 1806 年领有工人的工资。究其原因是 19 世纪上半叶棉纺织工业快速发展，棉纺织工业中织工和印花工的工资水平明显高于其他工业部门。工厂主的利润高达 500%，他们开始提高工人的工资，为刺激工人的劳动积极性，他们对一部分工人采用计件工资的形式，在提高工人工资的同时，工厂主也借机获取更多的利润。随着资本主义生产关系的普及，棉纺织工业的发展速度更快，棉纺织厂的数量迅速增加，工厂主的利润开始下滑，工人的工资也随之降低，逐渐回落至平均水平。

尼古拉一世在位期间工人工资相对较高。М. И. 图甘-巴拉诺夫斯基认为，出现该状况的原因如下：一是工业快速发展导致劳动力需求居高不下；二是工人的工作时间并未缩短，这既是居民奴化的结果，也是手工业发展所致，很多农民在家从事生产，工厂主要为其派发原料。但当工人的生产熟练度提高之后，工资也开始下降。М. И.

波克罗夫斯基认为，19 世纪上半叶，雇佣工人的工资虽然非常高，但他们中的部分人并不是完全意义上的自由人，仍是地主农民，他们所赚取的工资除支付代役租外，还要缴纳地主的各类差役。

十　俄国和英国采矿工人的劳动强度对比①

为了更好地进行对比，笔者选取了英国斯塔福德郡和俄国奥伦堡省采矿工业相关从业者的资料。奥伦堡省冶铁工厂内共有居民 20324 人，其中工人 8128 名；炼铜厂共有居民 14837 人，其中工人 5935 名。②

奥伦堡省单位工人的年均铸铁、生铁和铜产量分别为 144 普特、89 普特和 13 普特。

斯塔福德郡单位工人的年均铸铁产量为 312.5 普特。

俄国工人产品产量较低的原因是他们中的很多人是强制工人，工资较低，生产积极性不高。当时工人的年均工资为 145.92 卢布，而强制工人的年均工资仅为 58.39 卢布。

对比奥伦堡强制工人的工资与农民的收入后就会发现，他们的收入非常低。强制工人的差役十分繁重，虽然他们从地主处获得了 2 俄亩的土地，但只有 0.5 俄亩属于他们。即便他们不耕种土地，仍需缴纳繁重的赋税和劳役，通常单位强制工人家庭的各种税额达 131.87 卢布，人均税额为 65.94 卢布。

---

① Заблоцкий-Десятовский. О крепостном состоянии в России. написанной в 1841 г. и помещенной в его книге. Гр. Киселев и его вреся. Т. 1. СПб. , 1882. С. 295.
② 这些工人多为领有工人，他们全家均居住在工厂范围之内，所以很多作者在统计工人数量时也对其家人数量进行核算。——译者注

十一　1804 年俄国各工业部门的工人数量①

工人数量也是衡量工业发展水平的重要指标，1804 年俄国各工业部门的工人数量详见表 3.16。②

表 3.16　1804 年俄国各工业部门的工人数量

生产部门	工厂数量（家）	所有工人数量（人）	雇佣工人数量（人）	单位工厂工人数量（人/家）
第一批次				
呢绒和麻纺织工业	155	28689	2788	185
炼钢和冶铁工业	26	4121	1144	159
造纸工业	64	6957	1533	109

---

① Туган-Барановский М. И. Русская фабрика в прошлом и настоящем：Историко-экономическое исследование. Т. 1. Историческое развитие русской фабрики в XIX веке. Т. 1. Изд. 3. СПб.，1907. С. 86.

② 为更好地进行对比，译者寻找了其他相关数据。1804 年俄国各工业部门的工人数量详见下表。

1804 年俄国各工业部门的工人数量

生产部门	工厂数量（家）	工人总计（人）	雇佣工人数量（人）	单位工厂工人数量（人/家）
呢绒与毛纺织工厂	155	28689	2788	185
亚麻工厂	285	23711	14327	83
印花布与细平布工厂	199	6566	5436	33
丝织工厂	328	8953	6625	27
造纸厂	64	6957	1533	109
炼钢、制针与冶铁厂	26	4121	1144	159
皮革厂	850	6304	6115	7
制索厂	58	1520	1295	26
玻璃厂	114	3937	1685	35

资料来源：图甘-巴拉诺夫斯基《19 世纪俄国工厂发展史》（第四版），张广翔、邓沛勇译，社会科学文献出版社，2017，第 22 页。

续表

生产部门	工厂数量（家）	所有工人数量（人）	雇佣工人数量（人）	单位工厂工人数量(人/家)
第二批次				
亚麻工业	285	23711	14327	83
玻璃和水晶制造业	114	3937	1685	35
第三批次				
印花布和细平布工业	199	6566	5436	33
丝织工业	328	8953	6625	27
索具制造业	58	1520	1295	26
皮革工业	850	6304	6115	7

笔者分析上述三个批次工业部门的相关数据后可知，第一批次工业部门所属工厂主要使用强制工人工作，此类工厂内的工人数量较多；第二批次工业部门所属工厂雇佣工人和强制工人的数量大致相当；第三批次工业部门所属工厂的工人以雇佣工人为主。

第一和第二批次工业部门所属工厂生产的产品主要供应给国家，它们多属贵族和富商所有。第三批次工业部门所属工厂生产的产品主要供应给市场，它们之前很多都是小作坊，经过作坊主的不懈努力发展为大工厂。值得一提的是，世袭工厂和领有工厂的生产技术水平明显落后于使用雇佣工人的工厂。

十二　1847~1848年和1858年莫斯科省蒸汽机的数量[①]

蒸汽机数量是衡量工业发展潜力的重要指标。1847~1848年和1858年莫斯科省蒸汽发动机的数量详见表3.17。

---

① Из статьи в "Вестник промышленности". 1858. Т. 1. Ч. 2.

表 3.17　1847~1848 年和 1858 年莫斯科省蒸汽机的数量

单位：台

地区	1847~1848 年	1858 年
莫斯科市	34	70
莫斯科省其余县城	33	82
总计	67	152

由表 3.17 中数据可知，10 年间莫斯科省蒸汽机的数量增长了 1 倍多。莫斯科省其余县城蒸汽机的增量明显高于莫斯科市，究其原因是郊区的木材资源相对丰富，燃料充足。需着重强调的是，此时各工业部门所需的机器大部分是从英国进口，也有部分机器从比利时和法国采购，俄国别尔德（Берд）和舍佩列夫（Шепелев）工厂也可生产少量机器。

十三　1851~1860年俄国金属产品进口规模①

18 世纪是俄国冶金工业的黄金时期，从 19 世纪初开始，俄国冶金工业发展得十分缓慢，开始从其他国家进口金属产品。1861 年农奴制改革前夕，俄国从欧洲各国进口金属制品的数量和价值详见表 3.18。

---

① 　Из Сборника В. И. Покровского. С. 250~264.

表 3.18　1861 年农奴制改革前夕俄国从欧洲各国进口金属制品的数量和价值

单位：千普特，千卢布

年份	铜制品		铁和钢丝		白铁和白铁制品		刀类产品		武器		镰刀产品		铸铁制品	铁制品	手动工具		机器和仪器
	数量	价值	数量	价值	数量	价值	数量	价值	数量	价值	数量	价值	数量	数量	数量	价值	价值
1851~1855	2.7	145	15	78	19.7	128.5	0.5	40	0.2	32	32	646	8.0	23	38	412	2103
1856~1860	8.5	334	19	114	31.4	254.3	1.1	75	1.2	131	100	788	21.0	96	83	859	7513

十四　俄国工厂各类仪器的进口规模①

随着大工业的发展，各类仪器的进口量大幅增加，1812~1860 年俄国工厂各类仪器的进口规模详见表 3.19。②

表 3.19　1812~1860 年俄国工厂各类仪器的进口规模

年份	进口额	进口量（千普特）
1812~1814	275	—
1815~1819	589	—
1820~1824	766	—
1830~1834	891	—
1835~1839	1367	—
1840~1844	373	—
1845~1850	506	—
1851~1855	412	38
1856~1860	859	83

注：1812~1839 年进口额单位为千纸卢布，1840~1860 年进口额单位为千信贷卢布。

---

① Покровский В. И. Сборник. Т. 1. С. 265.
② 为更好地进行对比，译者寻找了其他相关数据。1811~1860 年俄国机器和仪器的进口价值详见下表。

1811~1860 年俄国机器和仪器的进口价值

单位：千银卢布

年　份	机　器	仪　器	总　计
1811~1820	177	1792	1969
1821~1830	487	2712	3199
1831~1840	4111	4321	8432
1841~1850	11747	4199	15946
1851~1860	48080	6348	54428
总　计	64602	19372	83974

资料来源：Хромов П. А. Экономика России периода промышленного капитализма. М., Издательство ВПШ и АОН при ЦК КПСС, 1963. С. 176。

19 世纪 30 年代和 50 年代末俄国各类仪器的进口数量迅速
增加。

十五　1816~1860年俄国各类机器的进口规模[①]

在仪器进口数量增加的同时，各类机器的进口量也明显增加。
1816~1860 年俄国各类机器的进口额详见表 3.20。

表 3.20　1816~1860 年俄国各类机器的进口额

年　份	年均产品进口额	年　份	年均产品进口额
1816~1817	66	1841~1845	668
1819~1820	120	1846~1850	1681
1826~1830	138	1851~1855	2103
1831~1835	618	1856~1860	7513
1836~1840	1752		

注：1816~1840 年进口额的单位为千纸卢布，1841~1860 年为千信贷卢布。

在农奴制改革后不久的 1861~1865 年，机器和仪器的进口价值
增加并不显著。从 19 世纪 60 年代下半期开始，俄国机器和仪器的进
口量才明显增加。

19 世纪上半叶，俄国进口机器所征收的关税基本为零。

19 世纪 50 年代，上述产品的进口价值约是本土同类产品价值的
2 倍。

---

① Покровский В. И. Сборник. Т. 1. С. 266.

十六 19世纪30~50年代俄国工厂

与手工作坊间的竞争①

俄国纺织工业快速发展的同时，很多织工学会生产技术之后开始在家生产，他们建立手工作坊的数量越来越多，并开始与大工厂竞争。19世纪30~50年代俄国棉纺织工业的发展规模详见表3.21。②

表3.21 19世纪30~50年代俄国棉纺织工业的发展规模

单位：人，千普特

年份	工人数量	棉花和棉纱进口数量
1836	94751	865
1852	81454	1960
1857	75517	2765

1836~1857年，俄国棉纺织工业的棉花和棉纱进口数量增长了2倍，工人数量却减少了20%。值得一提的是，在此期间织工的生产技术进步并不明显（从手工织布完全过渡至机器织布的时间在此之

---

① Туган-Барановский М. И. Русская фабрика в прошлом и настоящем: Историко-экономическое исследование. Т. 1. Историческое развитие русской фабрики в XIX веке. Т. 1. Изд. 3. СПб.，1907. С. 231，235.

② 为更好地进行对比，译者寻找了其他相关数据。1836~1857年俄国棉纺织工厂工人与棉花和棉纱进口数量详见下表。

1836~1857年俄国棉纺织工厂工人与棉花和棉纱进口数量

单位：人，千普特

年份	工人数量	棉花和棉纱进口数量
1836	94751	865
1852	81454	1960
1857	75517	2765

资料来源：图甘-巴拉诺夫斯基《19世纪俄国工厂发展史（第四版）》，张广翔、邓沛勇译，社会科学文献出版社，2017，第124页。

后），工厂工人数量却明显降低。毫无疑问，大工厂的生产分化过程开始，很多手工作坊主获得原料后在家进行生产，在此期间分发代理处发挥了重要作用。①

很多数据均可证明大工厂的分化过程。1832 年，弗拉基米尔省的亚麻和织布工厂共有 2977 名工人，而工厂周边农村共有 8579 名工人从事此类业务。

十七　1807～1811年大陆封锁政策和1819年税率对俄国工业的影响②

（一）大陆封锁政策③

1807 年，亚历山大一世和拿破仑在提尔西特签订了《提尔西特

---

① 19 世纪 30～40 年代家庭织工按照工厂主的订单进行生产的现象十分常见。1834 年《手工工场与贸易杂志》中提到在博戈罗茨克县城只具有两种手工业生产方式：一种是从商人或其他企业主处获得原料；另一种是按照协商价格获得原料，制成品仍出售给原料供应方。参见图甘-巴拉诺夫斯基《19 世纪俄国工厂发展史（第四版）》，张广翔、邓沛勇译，社会科学文献出版社，2017，第 117 页。——译者注

② Туган-Барановский. Война 1812 г и промышл. развитие России. Т. VII юбил. изд. "Отечеств война и русское общество". М., 1912 г.; Семенов А. Изучение истор. сведен. о росс. торг. и промышл. Ч. III. С. 262; Тарле Е. В. Континентальная блокада. М., 1913. С. 431; Покровский В. И. Сборник. Т. 1. С. XXX.

③ 大陆封锁政策是指18世纪末至19世纪初欧洲战争期间，拿破仑对英国实施的贸易政策，其目的是打击英国的经济实力，建立法国在欧洲的霸权。在拿破仑帝国覆灭以前，整个欧洲和欧洲的海外殖民地都卷入了这场经济战争。然而，这一政策的实施与拿破仑的愿望相反，大陆封锁政策的失败，最终成为导致拿破仑帝国垮台的重要原因之一。——译者注

和约》①，俄国加入了大陆封锁政策，该政策主要针对英国，但英国先进的技术和设备是诸多欧洲国家工业发展的后盾，俄国也是如此。在英国先进技术和设备的支持下，俄国企业主建立了很多企业，其中呢绒、丝织和棉纺织工业受其影响较大。虽然俄国加入了大陆封锁政策，但国内市场需要大量的英国工业制品，很多工业部门所需的机器设备和原料均是从英国进口，基于此，很多工业部门对英国的依赖性很强，限制英国工业品进口的举措令国内企业主十分不满。与此同时，大陆封锁政策导致俄国农产品出口至英国的道路受阻，但在一定程度上却促进了部分地区地主经济的快速发展，很多地主庄园内还建立了制糖厂和酿酒厂。

乍一看，1807~1811 年关税税率实施后俄国工业并没有大规模增长，但事实上工业发展速度有所提升。1804 年、1814 年和 1825 年俄国工业发展规模详见表 3.22。

表 3.22　1804 年、1814 年和 1825 年俄国工业发展规模

单位：家，人

年份	工厂数量	工人总数	雇佣工人数量
1804	2423	95202	45625
1814	3731	169530	99762
1825	5261	210568	114515

---

①　该和约内容如下：一是普鲁士易北河以西的全部领土划归威斯特伐利亚王国，由拿破仑弟弟担任国王，俄国承认拿破仑哥哥约瑟夫为那不勒斯国王；二是在普鲁士第二次和第三次瓜分波兰的领土上建立华沙大公国，华沙大公国与萨克森王国合并，由萨克森国王任华沙大公国国王；三是普鲁士船只可在维斯瓦河自由航行；四是在英法谈判过程中，俄国负责调停，如果英国拒绝调停，俄国对英宣战；五是法国在俄土谈判中负责调停，俄国停止对土耳其的军事行动；六是俄国承诺将卡塔罗和爱奥尼亚群岛割让给法国，俄国参加大陆封锁。随后法普两国也签订《提尔西特和约》，普鲁士承认华沙大公国，裁减军队，并赔款 1.2 亿法郎。《提尔西特和约》签订后，第四次反法同盟宣布瓦解。——译者注

由表 3.22 中数据可知，1804~1814 年，工厂数量增加了 1308 家，同期工人数量增加了 74328 人；1814~1825 年，工厂和工人的数量分别增加了 1530 家和 41038 人。由此可见，在上述两个阶段之中，第一阶段的工业发展速度明显高于第二阶段。此外，在第一阶段，雇佣工人的数量增加了 54137 人，第二阶段增加了 14753 人。这些数据均可以证明，第一阶段使用雇佣劳动力的工厂发展速度最快。1805~1809 年，印花和细平布工厂数量由 55 家增加至 96 家，棉纺织工厂的数量由 4 家增加至 8 家，染色工厂的数量从 5 家增加至 15 家。1809 年，俄国建立了第一家棉纱厂；1812 年，棉纱厂的数量已增加到 12 家。

值得一提的是，制糖厂的数量也明显增加，1804 年和 1812 年其数量分别为 7 家和 30 家。

（二）1819年关税税率①

从彼得一世时开始，俄国大工业快速发展，也是从此时起，保护性关税税率在俄国大工业发展中的作用就不容忽视。保护性关税税率不但保护了俄国工业资产阶级和部分贵族企业主的利益，还增加了财

---

① 1816 年关税政策的主要内容有二：一是对原材料进口征收零关税；二是取消工业品的进口管制，大部分工业品也以零关税进入俄国市场。1819 年关税政策的主要内容有二：一是继续取缔对国外商品的进口管制；二是大幅度下调各类商品的进口税率。1819 年关税税率推行后国外商品充斥俄国市场，本国大批手工工场破产，企业主纷纷提出抗议，在各方面的压力之下，俄国政府出台 1822年关税政策。1822 年关税税率奠定了俄国保护性关税政策的基础，其主旨是增加财政收入、保护本国工业和限制国外相关产品的进口。俄国政府虽名义上未禁止棉布、毛织品、丝织品、香烟、葡萄酒、香料和食糖等商品的进口，却征收商品价值 1~2.5 倍的关税，生铁的关税额为产品价值的 6 倍，铁制品税额为其价值的 2.5 倍，自此之后，该类商品很难进入俄国市场。参见 Лященко П. И. История народного хозяйства СССР. Т. I. М.，Государственное издательство политической литературы，1956. С. 537。——译者注

政收入。1812~1815 年俄法战争结束之后，受诸多因素的影响，特别是在世袭贵族和商人的力主之下，俄国政府推行了 1819 年关税税率，该税率的有效期是 3 年，在它的影响下，大工业发展速度放慢。1820~1822 年俄国大工厂内工人的数量详见表 3.23。

表 3.23　1820~1822 年俄国大工厂内工人的数量

单位：人

年份	所有工人数量	雇佣工人数量
1820	179610	104865
1821	185354	96902
1822	172757	90734

1820~1822 年 3 年间，大工厂内工人的数量减少了近 7000 人，雇佣工人的数量减少了 14131 人。出现上述状况的原因有三：一是在此期间各工业部门的生产技术并没有实质性的进步；二是生产规模缩小引发了工人数量降低；三是俄国工业品受到了国外同类产品的排挤。

由于新关税税率的推行，进口至俄国的商品数量大幅度增加。1819~1821 年俄国从欧洲进口商品的规模详见表 3.24。

表 3.24　1819~1821 年俄国从欧洲进口商品的规模

单位：千卢布

年份	从欧洲诸国进口商品的总额	主要商品的进口额			
		棉纺织品	丝织品	麻纺织品	毛纺织品
1819	155454	7894	2263	420	11966
1820	227349	22930	10491	2380	22352
1821	196192	18949	9227	1657	28862

很显然，俄国贵族和工厂主的数量明显降低，这些都是自由关税税率推行的结果。为缓解财政危机，亦为保护本国工业发展，1822年，俄国政府又推行了新的保护性关税税率。在其影响下，1825年，大工厂工人数量达 210568 人，其中雇佣工人数量为 114515 人。

十八 1850年俄国主要工业部门的产品价值[①]

19 世纪上半叶，俄国诸多工业部门快速崛起，产品价值迅速提升。19 世纪 50 年代俄国主要工业部门的产品价值详见表 3.25。

表 3.25 19 世纪 50 年代俄国主要工业部门的产品价值

单位：百万银卢布

主要工业部门	1850 年	1857 年
棉纺织	45	106
毛纺织	25	28
制糖	21	—
金属加工	14	—
皮革加工	8.4	—
丝织	6.5	11.5
亚麻和大麻	5	—
烟草	4.6	—
造纸	3.5	—

1860 年，上述 9 个工业部门的产品价值达 1.4 亿银卢布，它们的产品价值占本年度所有工业部门产品总价值的 5/6。

1850～1857 年，工业品的总价值由 1.7 亿银卢布增加至 2.3 亿银

---

① Семенов А. Изучение истор. сведен. о росс. торг. и промышл. Ч. III. С. 286.

卢布，在此期间棉纺织工业和丝织工业的产品价值增速最快，其金额分别为 1.1 亿银卢布和 1150 万银卢布。

十九　18世纪末和19世纪中叶俄国出口至欧洲的产品价值[①]

虽然从 18 世纪末开始，俄国大工业的发展速度落后于西欧发达国家，但仍有大量产品出口国外。18 世纪末和 19 世纪中叶俄国出口至欧洲的产品价值详见表 3.26。

表 3.26　18 世纪末和 19 世纪中叶俄国出口至欧洲的产品价值

单位：百万银卢布

年份	俄国出口至欧洲的产品年均价值	加工和半加工产品的价值	生铁	亚麻和棉花
1790~1792	26.0	8.4	3.3	2.4
1848~1850	80.8	7.8	0.8	1.4

18 世纪末，由于俄国大工业快速发展，约有 1/3 的加工产品出口国外。19 世纪初，受农奴制的制约，加上生产技术落后，俄国冶金等工业部门的发展速度明显放缓。19 世纪中叶，俄国仅有 9% 的加工产品出口国外。60 年间（1790~1850 年），俄国的工业明显落后于其他欧洲国家，工业品出口量大跌。值得一提的是，此时俄国的工业品开始出口至亚洲市场，但数量不大。

[①]　Туган-Барановский М. И. Русская фабрика в прошлом и настоящем: Историко-экономическое исследование. Т. 1. Историческое развитие русской фабрики в XIX веке. Т. 1. Изд. 3. СПб., 1907. С. 82-83.

二十　18世纪末和19世纪上半叶俄国采矿工业的发展规模①

采矿工业是衡量一国工业发展水平的重要指标，因该部门所包含门类众多，下文将逐一分析。

（一）铜和铸铁的产量

18世纪初是俄国冶金业的起步阶段，此时金属的产量不高。1718年俄国铜和铸铁的产量详见表3.27。

表 3.27　1718 年俄国铜和铸铁的产量

单位：普特

工厂类别	铜	铸铁
国有工厂	28417	868884.5
私人工厂	169100	5772238.5
总　计	197517	6641123

18世纪上半叶，在政府政策的扶持下，冶金工业发展迅速。1767年俄国国有工厂和私人工厂的铜和铸铁产量详见表3.28。

表 3.28　1767 年俄国国有工厂和私人工厂的铜和铸铁产量

单位：普特

工厂类别	铜	铸铁
国有工厂和私人工厂	197671	9622130

---

① Семенов А. Изучение истор. сведен. о росс. торг. и промышл. Ч. III. С. 329; Пажитнов К. А. Положение рабочего класса в России. Т. I. С. 10.

据统计，1767 年，除农奴外，这些工厂内共有 149688 名在册农民。

18 世纪末，俄国冶金工业的发展速度更快，其产品不仅满足了国内市场的需求，还大量出口国外。1806 年俄国部分国有工厂和私人工厂的铜和铸铁产量详见表 3.29。

表 3.29　1806 年俄国部分国有工厂和私人工厂的铜和铸铁产量

单位：普特

工厂类别	铜	铸铁
13 家国有炼铜工厂	62347	—
36 家私人炼铜工厂	106190	—
20 家国有铸铁工厂	—	1900000
135 家私人铸铁工厂	—	10312200
总　　计	168537	12212200

19 世纪上半叶，因生产技术落后，加上使用强制工人劳动，俄国冶金工业发展速度大幅放缓，但其产量仍有所增加。1832 年俄国国有工厂和私人工厂的铜和铸铁产量详见表 3.30。

表 3.30　1832 年俄国国有工厂和私人工厂的铜和铸铁产量

单位：普特

工厂类别	铜	铸铁
国有工厂和私人工厂	220787	10386442

1854～1856 年俄国国有工厂和私人工厂的铜、铸铁和生铁产量详见表 3.31。①

表 3.31　1854～1856 年俄国国有工厂和私人工厂的铜、铸铁和生铁产量

单位：普特

工厂类别	铜	铸铁	生铁
国有工厂和私人工厂	374197	15096450	10729350

① 为更好地进行对比，译者寻找了其他相关数据。1800～1860 年俄国黑色金属加工业发展规模详见下表。

1800～1860 年俄国黑色金属加工业发展规模（根据手工工场办公厅统计资料）

单位：家，人，千普特

年份	工厂数量	工人数量	产品生产规模		
			金属	金属制品	
1804	26	4131	88.4	45.4	71.8
1805	151	6209	233.2	443.8	956.1
1801～1810	72	7692	158	239	935
1812	33	12252		526.7	1094.6
1814	75	12143	788.3	175.7	1125.2
1815	77	11,330	480.2		
1818	97	12573	2194.8	944	343.8
1811～1820	74	12241	1154	549	855
1823	171		1156.3	1260.7	223.7
1825	170	17000	2691.5	628.7	1518.7
1830	198	19889	2784.7	1424.7	1676.7
1821～1830	180	13467	2166	1192	972
1835			3090.9	1498.7	1493.5
1850	531	77236	4585.6	4326.4	5199
1852	446	44868	6227	7910.7	336.7
1860	552	48522			
1851～1860	453	47240	8649	10987	3844

资料来源：邓沛勇、刘向阳《俄国工业史（1700～1917）》，社会科学文献出版社，2021，第 56～57 页。

（二）1855年乌拉尔冶金工厂的工人和技术设备数量

工人和技术设备数量是衡量冶金工业发展水平的重要指标。1855年乌拉尔冶金工厂的工人和技术设备数量详见表3.32。

表3.32 1855年乌拉尔冶金工厂的工人和技术设备数量

单位：个，人

工厂类别	高炉	熔铁炉	大锤	炼铜炉	第9次人口普查工人数量
国有工厂	10	34	120	44	85640
私人工厂	89	50	922	232	216841

冶金工厂数量的相关信息也有迹可循。17世纪末，乌拉尔地区已有10家冶金工厂。彼得一世时期，除土拉武器工厂和奥洛涅茨工厂外，在叶卡捷琳堡地区已建立了9家国有工厂和12家私人工厂。在彼得一世后继者在位期间，乌拉尔采矿工业继续发展，但发展速度较慢。安娜女皇在位期间，俄国建立了12家冶金工厂，伊丽萨维塔女皇在位期间和叶卡捷琳娜二世继位初期，俄国建立了24家冶金工厂，至1796年，冶金工厂数量达83家，1859年达224家，其中私人和国有冶金工厂的数量分别为185家和39家。

彼得一世执政期间，大部分国有工厂转交给了私人。毫无疑问，即便此时很多国有工厂使用免费劳动力，它们仍然亏损。在工厂转给私人之后，冶金工业的发展速度加快。例如，杰米多夫工厂转给私人后，生铁产量增加了1倍，但其工人数量仅为原来的1/4，为25000名。所以，安娜女皇执政末期，俄国政府就将国有工厂转交给私人。但由于很多私人工厂主不善经营，企业常年亏损，只能再次将工厂转回给国家。后来，国家很少再建立国有工厂，开始扶持私人工厂的发展，大部分工厂属于大贵族。

18 世纪，由于冶金工业发展迅速，俄国单位居民的生铁需求量明显提升。19 世纪上半叶，由于冶金工业开始衰落，加上人口快速增加，单位居民的生铁需求量开始下降，19 世纪中叶，这一状况才有所改变。18 世纪至 19 世纪中叶俄国单位居民的生铁需求量和价值详见表 3.33。

表 3.33　18 世纪至 19 世纪中叶俄国单位居民的生铁需求量和价值

年份	单位居民生铁需求量（普特）	每普特产品的批发价格
1718	15	68 银戈比
1768	42	70~75 银戈比
1806	6.5	1 银卢布
1848~1850	5.2	1 银卢布 35 戈比至 1 银卢布 50 戈比
1851~1853	9.25	1 银卢布 60 戈比

18 世纪俄国居民的生铁需求量明显高于 19 世纪上半叶。19 世纪上半叶，部分国家单位居民的生铁需求量和价格详见表 3.34。

表 3.34　19 世纪上半叶部分国家单位居民的生铁需求量和价格

国　家	单位居民生铁需求量（普特）	价格
普鲁士	30	1 卢布 30 戈比
法　国	30	1 卢布 20 戈比
比利时	30	1 卢布
美　国	40	—
英　国	120	35 戈比

二十一　俄国铸铁产量①

铸铁是最重要的冶金产品之一，18 世纪至 19 世纪中叶俄国的铸铁产量详见表 3.35。

表 3.35　18 世纪至 19 世纪中叶俄国的铸铁产量

单位：千普特

年份	铸铁产量	年份	铸铁产量
1718	6641	1850	13892
1767	9622	1853	14518
1797~1800	8053	1855	16400
1806	12212	1856	17000
1822	9334	1858	19000
1831	11006	1860	20468
1849	11556		

注：1718 年统计的是乌拉尔地区。

18 世纪，因国家订单居高不下和保护性关税政策的实施，为国家供货的铸铁和冶铁工厂产量大增。19 世纪上半叶，这些工厂的业务却逐渐萧条。从 1855 年开始，因铁路建设需要大量的生铁和钢，这些工厂再次复兴。在保护性关税政策向禁止性关税政策过渡阶段，俄国冶金业再次繁荣，同时因国内冶金产品的需求量大增，生铁的进口量从 1850 年的 50 万普特提升至 1860 年的 500 万普特。

---

① Покровский В. И. Сборник. Т. 1. С. 232；Туган-Барановский М. И. Русская фабрика в прошлом и настоящем: Историко-экономическое исследование. Т. 1. Историческое развитие русской фабрики в XIX веке. Т. 1. Изд. 3. СПб. , 1907. С. 80；Пажитнов К. А. Положение рабочего класса в России. Т. I. С. 8.

上述工厂的快速发展主要依靠在册农民、领有农民、技师、新兵和流浪人员的强迫劳动。低廉的劳动力成本、丰富的森林资源均是18世纪这些工厂迅速发展的推动力。虽然此时的生产技术十分落后，但因生产成本很低，所以工厂的利润很高。在上述因素的共同作用下，俄国的铸铁产量跃居世界第一位。

　　1740年，英国的铸铁产量仅为50万普特。1785年，瓦特改良了蒸汽机，英国工业快速发展。19世纪初，英国的金属产量已超过俄国，达800万普特。19世纪初，在英国，煤炭和机器已随处可见，但俄国并非如此。在工业革命的推动下，1860年，英国的铸铁产量已达2.4亿普特，此时俄国的铸铁产量仅为2050万普特。

　　在俄国，冶金工厂主并不考虑改善生产技术，由于国家订单充足，企业主无须担心产品销路，工厂可获得高额利润。19世纪20~50年代，英国的生铁价格降低了60%。1824~1826年，圣彼得堡的生铁价格为1银卢布26银戈比/普特，1848~1850年其价格为1卢布27戈比/普特，由此可知，俄国的生铁价格变化不大。在这样的条件下，出口至国际市场的生铁数量大幅下降，由于国内市场的潜力不足，所以产品销量也有限。此外，冶铁工厂主并不关注国内市场，所以该工业部门的衰落已是必然。

二十二　1830年和1850年俄国和其他
国家的铸铁产量对比[①]

　　1830年和1850年欧洲主要国家的铸铁产量对比详见表3.36。

————————

①　Покровский В. И. Сборник. Т. 1. С. 235；Туган‐Барановский М. И. Русская фабрика в прошлом и настоящем：Историко‐экономическое исследование. Т. 1. Историческое развитие русской фабрики в XIX веке. Т. 1. Изд. 3. СПб. , 1907. С. 78.

表 3.36　1830 年和 1850 年欧洲主要国家的铸铁产量对比

单位：百万普特

国家	1830 年	1850 年
俄国（不含芬兰）	10	13
美　国	10	35
英　国	42	137
德　国	8	25
法　国	6	25
奥地利和匈牙利	6	12
比利时	6	10
瑞　典	7	8

如果说 18 世纪俄国的铸铁产量跃居世界第一位，那么 19 世纪 30 年代，其产量已降至世界第二位，19 世纪 50 年代更是降至世界第五位。19 世纪 30 年代，俄国的铸铁产量约占世界铸铁总产量的 12%，50 年代其产量占比已降至 4%。[1]

---

[1]　为更好地进行对比，译者寻找了其他相关数据。1740~1800 年部分国家的铁制品产量详见下表。

1740~1800 年部分国家的铁制品产量

单位：吨

年份	俄国	英国	法国	瑞典	美国
1740	25082	17350	40000	38000	2400
1750	32935	22000	—	44000	
1760	600050	27000	—	68800	
1770	83705	32000	—		7640
1782	110132	40000	—		
1790	130443	80000	106000		
1800	162427	156000	60600	56000	41000

资料来源：Струмилин С. Г. История черной металлургии в СССР. Феодальный период（1500-1860 гг.）. М.-Л.，Изд-во АН СССР，1954. С. 204；回云崎《18 世纪初至 20 世纪初俄国乌拉尔冶金业研究——以黑色冶金业为例》，吉林大学博士学位论文，2017，第 139 页。

二十三　1762~1860年俄国的生铁产量①

生铁也是冶金工业最重要的产品之一，1762~1860 年俄国的年均
生铁产量详见表 3.37。

表 3.37　1762~1860 年俄国的年均生铁产量

单位：千普特

年份	年均产量	年份	年均产量
1762	1158	1793~1795	2906
1766	2335	1800~1804	2120
1773	2774	1821~1830	1300
1779	3055	1831~1840	1362
1782	3840	1841~1850	788
1794	3885	1851~1860	747

18 世纪末，俄国的生铁出口价值仅次于大麻，其价值约占出口
产品总值的 13%，其中加工产品和半加工产品主要出口至欧洲。
1790~1792 年，大麻产品的出口价值为 840 万银卢布，生铁的出口价
值为 330 万银卢布。②

---

① Покровский В. И. Сборник. Т. 1. С. 235；Пажитнов К. А. Положение рабочего
класса в России. Т. I. С. 8.

② 为更好地进行对比，译者寻找了相关资料。1738~1800 年俄国铁制品的出口量
详见下表。

1738~1800 年俄国铁制品的出口量

单位：万普特

年份	数量	年份	数量
1738	34.0	1779	305.5
1744	21.9	1783	360.0
1749	54.6	1794	388.5
1759	93.8	1799	250.9
1769	247.3	1800	183.3

（转下页注）

二十四　俄国金属制品的生产规模[①]

值得一提的是，彼时俄国铸铁和炼铜工厂的主要产品包括武器和军事物资。1797~1800 年，国家在采矿工厂采购了 290648 普特料枪和武器、701618 普特炮弹。1854~1856 年，俄国所有采矿工厂的产品产量为 1804314 普特，其中包括 18682 普特锚和 95746 普特镰刀。之所以在此时期冶金工厂的军事物资产量大增，主要源于克里米亚战争。1856 年，克里米亚战争结束之后，相关军事制品的产量仅有64800 普特。

此外，专门（特需）的金属制品一般由专业的金属加工厂生产。19 世纪上半叶俄国冶金工厂的生产规模详见表 3.38。

表 3.38　19 世纪上半叶俄国冶金工厂的生产规模

单位：家，人

时间	冶金工厂数量	工人数量
叶卡捷琳娜二世时期	27	—
1804 年	26	4121
1825 年	170	22400
1850 年	550	88000

（接上页注②）资料来源：Струмилин С. Г. История черной металлургии в СССР. Феодальный период（1500-1860 гг.）. М-Л., Изд-во АН СССР, 1954. С. 229；回云崎《18世纪初至20世纪初俄国乌拉尔冶金业研究——以黑色冶金业为例》，吉林大学博士学位论文，2017，第141页。

① Семенов А. Изучение историч. сведений о росс. внешней торг. и промышл. Ч. III. С. 260, 339.

19 世纪上半叶，俄国的生铁产量已不能满足国内市场的需求，只能从国外进口相关产品，且国外的进口量已超过国内产量，同时俄国相关产品的出口量非常低。

为了进行对比，笔者寻找了相关数据，具体内容详见表 3.39。

表 3.39　18 世纪末俄国冶金产品的进出口规模

单位：卢布

年份	进口额	出口额
1778～1780	22000	302000
1790～1792	52000	550000

二十五　俄国机械工厂①

彼得一世时期俄国就尝试建立机械工厂，奥洛涅茨国有工厂（Олонецкий казенный завод）开始生产武器和军用物资。

---

① Покровский В. И. Сборник. Т. 1. С. 235；Семенов А. Изучение историч. сведений о росс. внешней торг. и промышл. Ч. III. С. 491；Кислинский Н. А. Наша железнодор. политика. Т. IV. СПб., 1902. С. 370。另有数据显示，19 世纪 20 年代，俄国已有 7 家机器制造厂，纺纱机年产量为 100～200 台，其他类型车床和涡轮机的产量分别为 50～60 台和 100 台。圣彼得堡伊里萨工厂、唐波夫省乌尼热斯基工厂也开始生产蒸汽机。1823 年，全俄机器制造厂内工人的数量已达641 名。19 世纪 30 年代，俄国机器制造厂的数量增加至 12 家，年均机器产量约为 600 台，主要产品仍是涡轮机和纺纱机。1850 年，机器制造厂的数量已增长到 27 家，工人数量约为 1500 人，产品价值达 43 万卢布。参见邓沛勇、刘向阳《俄国工业史（1700～1917）》，社会科学文献出版社，2021，第 64～65页。——译者注

　　1790 年，在荷兰人格斯科因（Госкойн）的领导之下，俄国建立了第一家生产蒸汽机的工厂。

　　1790 年，俄国创建了第一家私人机械工厂，即别尔德工厂，随后该工厂开始建造轮船。为推动俄国大工业的发展，政府赋予该工厂诸多特权，这些特权一直持续至 1817 年。

　　1802 年，英国人威尔逊（Вильсон）在莫斯科创建了农机和武器加工厂。

　　1825 年，俄国建立了 3 家私人机械厂。

　　1850 年，俄国已有 26 家机械厂正常运转，共有工人 1475 名，年均产值为 42.3 万卢布。

　　1854 年，俄国共有 29 家机械厂，工人 4000 名，年均产值为 200 万卢布。1856 年，机械厂数量为 25 家，年均产值为 384.2 万卢布；至 1865 年，机械厂数量增加到 126 家，共有工人 18000 名，年均产值为 1200 万卢布。

　　19 世纪 50 年代，大型机械厂均属于外国人所有，如诺贝尔、汤姆森、舍尔伍德、阿什沃尔特和弗里克伯爵等。

二十六　1850年部分国家的铜开采量及1821~1860年俄国铜制品的出口量①

　　除生铁和铸铁之外，铜的需求量也大幅提升，1850 年部分国家的铜开采量详见表 3.40。

---

　　① Покровский В. И. Сборник. Т. 1. С. 240−241.

表 3.40　1850 年部分国家的铜开采量

单位：千普特

国　家	数　量	国　家	数　量
智　利	887	美　国	167
英　国	732	奥地利	148
俄　国	394	德　国	102

由于铜的需求量大增，加上俄国铜矿的分布较为广泛，俄国铜的产量大幅提升，除了满足国内市场的需求，还大量出口国外。1821～1860 年俄国铜的出口量详见表 3.41。

表 3.41　1821～1860 年俄国铜的出口量

单位：千普特

年　份	出口量	年　份	出口量
1821～1825	292	1851～1855	216
1840～1845	102	1856～1860	101

由于俄国铜矿资源丰富，炼铜厂生产的产品除满足国内市场需求外，还大量出口至国外。18 世纪，俄国铜制品的出口量一直名列前茅。19 世纪初，俄国仍是欧洲市场的主要铜制品供应国之一。

二十七　1752～1860年俄国黄金开采规模①

18 世纪至 19 世纪上半叶俄国黄金开采量明显增加，其主要原因

---

①　Пажитнов К. А. Положение рабочего класса в России. Т. I. С. 8－9.

如下：一是俄国金矿众多；二是黄金需求量增加；三是黄金开采技术提升；四是政府放开黄金开采垄断。1752~1860年俄国黄金开采规模详见表3.42。

表 3.42　1752~1860 年俄国黄金开采量

单位：普特

年　份	总开采量	年均开采量	年　份	总开采量	年均开采量
1752~1814	430	7	1831~1840	4328	433
1814~1820	124	18	1841~1850	13464	1346
1821~1830	2107	211	1851~1860	15695	1570

1724年，俄国正式开始大规模开采黄金。从1752年开始，俄国的黄金开采业务一直由政府垄断。1812年，政府首次允许乌拉尔采矿主勘探黄金，还允许私人开矿。

1826年，政府允许个人在国有土地上开采黄金。1838年，政府颁布私人黄金开采规章，允许贵族、荣誉市民和第一基尔德商人在西西伯利亚和东西伯利亚地区勘探和开采黄金，但后贝加尔、阿尔泰地区和吉尔吉斯草原除外。

1860年乌拉尔地区黄金的开采量详见表3.43。

表 3.43　1860 年乌拉尔地区的黄金开采量

矿场	数　量
乌拉尔国有采矿场	107 普特 27 磅
乌拉尔私人采矿场	211 普特 8 磅
乌拉尔地区其他矿场	106 普特 31 磅

1860 年，西伯利亚地区私人矿场的黄金开采量为 1031 普特 27 磅。

1860 年俄国从事黄金开采业务的工人数量详见表 3.44。

表 3.44　1860 年俄国从事黄金开采业务的工人数量

单位：人

地　区	数　量	地　区	数　量
东西伯利亚	27824	西西伯利亚	3045
乌拉尔	11088	总　计	41957

需强调的是，俄国黄金开采业务一直由大企业所垄断。

19 世纪中叶俄国金矿的数量详见表 3.45。

表 3.45　19 世纪中叶俄国金矿的数量

单位：个

地区	1850 年	1855 年	1860 年
西伯利亚	207	234	367
乌拉尔	—	—	171

19 世纪 40~60 年代俄国单位金矿的工人数量详见表 3.46。

表 3.46　19 世纪 40~60 年代俄国单位金矿的工人数量

单位：人

地区	19 世纪 40 年代	19 世纪 50 年代	19 世纪 60 年代
西伯利亚	56~192	131	67
乌拉尔	—	—	65

二十八 俄国丝织工业①

丝织工业是纺织工业的重要组成部分，其发展状况足以体现俄国纺织工业的发展规模。18 世纪至 19 世纪上半叶俄国丝织工业的生产规模详见表 3.47。

表 3.47 18 世纪至 19 世纪上半叶俄国丝织工业的生产规模

年份	工厂数量（家）	车床数量（台）	工人数量（人）	其中			加工产品价值（万银卢布）
				地主工人（人）	领有工人（人）	雇佣工人（人）	
1714	1	—	—	—	—	—	—
1725	11	—	—	—	—	—	—
1765	46	—	超 5000	—	—	—	58
1804	328	—	8953	—	—	6625	—
1809	194	4996	9571	674	2385	6521	—
1820	159	—	9839	—	—	—	—
1825	184	—	10204	—	—	8481	—
1830	213	—	13452	—	—	—	—
1840	166	—	—	—	—	—	600
1850	165	—	17000	—	—	—	650

丝织工厂所产的产品主要满足国内市场的需求。因大部分工厂使用自由劳动力，所以该工业部门发展迅速。叶卡捷琳娜二世继位初期（1765 年），俄国丝织品的价值为 58 万银卢布。1778~1780 年，俄国

---

① Семенов А. Изучение историч. сведений о росс. внешней торг. и промышл. Ч. Ⅲ. С. 260，274；Покровский В. И. Сборник. Т. 1. С. 302；уган-Барановский М. И. Русская фабрика в прошлом и настоящем：Историко-экономическое исследование. Т. 1. Историческое развитие русской фабрики в XIX веке. Т. 1. Изд. 3. СПб.，1907. С. 86，89.

从国外进口此类产品的价值为 70 万卢布。19 世纪上半叶，俄国生产的丝织品的价值达 600 万~650 万银卢布，进口丝织品的价值为 400 万卢布。因此，本国的产品已能满足国内市场的大部分需求，市场上 2/3 左右的丝织品由本土工厂生产。

笔者对比丝织工厂的数量、工人数量和生产金额数据后发现，18 世纪末和 19 世纪初俄国丝织工厂的数量急剧增长，但工人增量明显滞后。上文已提及，这是手工业发展的结果所致。从 19 世纪 30 年代开始，俄国丝织工业的生产逐步集中。从 1823 年开始，俄国丝织工厂开始使用新机器和新设备，并按照里昂和维也纳工厂的模式进行生产，产品产量和价值明显增加。

俄国的丝织工业主要集中于莫斯科省。1845 年，莫斯科共有 158 家丝织工厂，车床 12500 台，工人 16000 名，产品价值为 580 万卢布。此外，莫斯科丝织业带动了周边地区丝织手工业的发展，莫斯科省博戈罗茨克县城就拥有众多丝织手工业者。

二十九　1812~1860年俄国纱线和丝线的进出口规模①

（一）进口

由于俄国纺织工业的规模有限，19 世纪上半叶，纺织工厂所需的原料多从国外进口。1812~1860 年俄国丝线和纱线的进口规模详见表 3.48。

---

① Покровский В. И. Сборник. Т. 1. С. 300 – 301；Покровский М. Н. Русской истории. Т. III. С. 96；Небольсин Г. П. Статистич. обозр. внешней торговли России. Ч. II. С. 109.

表 3.48　1812~1860 年俄国丝线和纱线的进口规模

年份	丝线		纱线	
	进口量(千普特)	进口额	进口量(千普特)	进口额
1812~1815	10.2	3894	2.6	483
1826~1830	11.3	1570	1.6	1415
1836~1840	5.9	2375	5.5	5823
1846~1850	8.4	739	9.6	3211
1851~1855	6.8	480	6.2	1497
1856~1860	10.0	931	6.0	1688

注：1812~1840 年进口额单位为千纸卢布，1846~1860 年单位为千信贷卢布。

值得一提的是，此时从亚洲诸国进口的丝线数量明显高于从欧洲诸国进口的数量，但从欧洲进口丝线的价值远高于亚洲诸国。

除进口国外丝线外，俄国本国也可生产丝线，它们的主要产地是高加索地区。19 世纪初至 1822 年，俄国国内的丝线需求量约为 14000 普特，30 年代其需求量为 28000 普特，40 年代需求量为 30000 普特。虽然政府推行保护性关税政策，但对进口原料征收的关税不高。因此，国外丝线也大量运至俄国丝织工厂，其供应量约占总需求量的一半左右。

值得一提的是，从 19 世纪 30 年代开始，俄国的纺织技术逐步完善，棉纺织工业迅速发展。随后，丝线的进口量开始低于纱线进口量。虽然俄国丝线的产量增加，但仍大量从国外进口丝线，欧洲的丝线多从意大利经奥地利至拉齐维尔后运至莫斯科，莫斯科成为俄国最大的丝织工业中心。

（二）出口

虽然俄国的丝织工业发展相对滞后，但也有部分丝线出口国外。1829~1860年俄国丝线的出口规模详见表3.49。

表 3.49　1829~1860 年俄国丝线的出口规模

单位：千普特，千卢布

年份	出口量	出口额
1829~1833	1.3	74
1844~1846	3.9	201
1851~1855	9.3	527
1856~1860	14.0	959

最初，莫斯科公国从国外进口丝线生产丝织品，当时丝线主要从波斯进口。值得一提的是，当时的丝线贸易由沙皇家族垄断。此时，也有大量的波斯丝线经俄国运至欧洲。17 世纪，丝线贸易商队从阿斯特拉罕行至阿尔汉格尔斯克，每年商队往返三次，预计货物的贸易总量为 9000 普特，价值为 10500 卢布（该价值为当时产品的价值，核算至 1914 年的货币价值约为 60 万卢布）。18 世纪，丝线贸易开始衰落。19 世纪，由于高加索地区养蚕业的快速发展，俄国丝线产量大幅增加。19 世纪 40 年代，俄国所需的部分丝线仍从土耳其和波斯进口。

三十　俄国丝织品的进口规模[①]

虽然俄国丝织工业快速发展，但每年仍需从国外大量进口丝织品，尤其是高档品。1802～1860 年俄国丝织品的进口规模详见表 3.50。[②]

表 3.50　1802～1860 年俄国丝织品的进口规模

年份	进口规模	年份	进口规模
1802～1807	710	1841～1845	3742
1812～1815	274	1846～1850	3923
1816～1820	5729	1851～1855	4291
1836～1840	12538	1856～1860	6120

注：1802～1840 年进口规模单位为千纸卢布，1841～1860 年为千信贷卢布。

---

① Покровский В. И. Сборник. Т. 1. С. 303；Покровский М. Н. Русской истории. Т. III. С. 96；Небольсин Г. П. Статистич. обозр. внешней торговли России. Ч. II. С. 397，398.

② 为了更好地进行对比，译者寻找了其他相关数据。1861 年农奴制改革前俄国丝织品的进口规模详见下表。

1861 年农奴制改革前俄国丝织品的进口规模

单位：千卢布

年份	进口规模	年份	进口规模
1812～1815	274	1836～1840	12538
1816～1820	5729	1841～1845	3742
1821～1825	6963	1846～1850	3923
1826～1830	7796	1851～1855	4291
1831～1835	8825	1856～1860	6120

资料来源：Пажитнов К. А. Очерки истории текстильной промышленности дореволюционной России：Хлопчатобумажная，льно-пеньковая и шелковая промышленность. М.，Изд-во академии наук СССР，1958. С. 328。

为保护丝织工业的发展，俄国政府出台了保护性关税政策，很多国家的丝织品禁止出口至俄国，即便允许部分国家的丝织品运至俄国，此类商品的关税税率也非常高。在 1819 年关税税率出台之后，丝织品的进口量大幅增加。1820~1821 年，丝织品的进口价值达 2807450 银卢布。1822~1823 年禁止性保护税率推行之后，丝织品的进口规模下滑，其金额为 1471881 银卢布。由于此后丝织品进口关税税率进一步提升，产品进口值均没有超过该数值。

俄国丝织品的出口规模一直很小。1824~1828 年，俄国丝织品的出口价值约为 73361 银卢布；1844~1846 年，俄国丝织品的出口价值约为 64175 银卢布。

值得一提的是，俄国的丝织品主要出口至亚洲诸国。

三十一　俄国麻纺织工业[①]

麻纺织工业一直是俄国纺织工业的重要组成部分，俄国麻纺织工业的生产规模值得深究。

（一）麻纺织工厂数量

1762~1861 年俄国麻纺织工厂的数量详见表 3.51。

① Семенов А. Изучение историч. сведений о росс. внешней торг. и промышл. Ч. III. С. 96；Покровский В. И. Сборник. Т. 1. С. 286；Туган-Барановский М. И. Русская фабрика в прошлом и настоящем：Историко-экономическое исследование. Т. 1. Историческое развитие русской фабрики в XIX веке. Т. 1. Изд. 3. СПб.，1907. С. 68.

表 3.51　1762~1861 年俄国麻纺织工厂的数量

单位：家

年份	工厂数量	年份	工厂数量
1762	135	1841	188
1804	285	1845	156
1825	196	1861	100
1830	190		

（二）麻纺织品的价格

麻纺织品的价格也是衡量麻纺织工业发展水平的重要指标。1824~1853 年俄国每匹麻纺织品的价格详见表 3.52。

表 3.52　1824~1853 年俄国每匹麻纺织品的价格

年份	帆布	薄粗帆布	粗帆布
1824~1826	20 银卢布	15 银卢布	18 银卢布
1851~1853	10 银卢布 84 银戈比	8 银卢布	8 银卢布

（三）薄粗帆布、帆布和粗帆布的年均出口量

18 世纪俄国麻纺织工业发展迅速，大量产品出口至国际市场；到 19 世纪，俄国麻纺织品的出口量下跌。1758~1853 年俄国薄粗帆布、帆布和粗帆布的年均出口量详见表 3.53。

表 3.53　1758~1853 年俄国薄粗帆布、帆布和粗帆布的
年均出口量

单位：千匹

年份	年均出口量	年份	年均出口量
1758~1762	77	1834~1840	195
1793~1795	251	1844~1846	121
1810~1813	212	1851~1853	46
1814~1823	209		

　　莫斯科公国时期俄国的亚麻和大麻制品就闻名遐迩，不但在国内市场广泛销售，还大量出口至国外。相较 19 世纪上半叶，18 世纪俄国麻纺织工业的发展更为迅速，近 2/3 的帆布以及其他大量麻纺织品出口国外。需着重强调的是，17 世纪和 18 世纪俄国的粗帆布大量供给英国舰队。

　　19 世纪三四十年代，俄国的麻纺织工业遭遇了危机，究其原因是国际市场上俄国的帆布需求量大幅降低，以及大麻和亚麻制品的价格迅速下跌。18 世纪，英国率先开始了工业革命，蒸汽机逐渐普及，纺纱和织布机器也大范围推广，生产成本明显下降。19 世纪初，棉纺织工业的迅速发展冲击了麻纺织工业。据统计，1832~1849 年，卡卢加省帆布厂的数量由 17 家降至 4 家，车床数量从 3500 台降至 2000 台。谢尔布霍夫县城的麻纺织工业也开始衰落，19 世纪 30 年代麻纺织品产量为 2.5 万匹，1849 年其数量仅为 6000 匹。科斯特罗马省也是如此，19 世纪 20 年代其产量为 7 万匹，40 年代其数量仅为 2 万匹。

19 世纪 50 年代，俄国麻纺纱和麻纺织机器虽逐步推广，但其产品仍无法与棉纺织工业相竞争。克里米亚战争期间，麻纺织工厂的产品产量明显提升，主要源于军队的需求量激增，但此状况持续的时间不长。[①]

三十二　1802~1860年俄国麻纺织品的进出口规模[②]

麻纺织品的进出口规模是衡量麻纺织工业的重要指标。1802~1860 年俄国麻纺织品的进出口规模详见表 3.54。

表 3.54　1802~1860 年俄国麻纺织品的进出口规模

年份	大麻和亚麻产品的出口规模	亚麻制品的进口规模
1802~1806	3701	219
1807	4091	
1812~1814	6767	—

[①] 从 19 世纪初开始，俄国麻纺织工业迅速衰落的主要原因有三：一是生产技术落后；二是棉纺织工业的冲击；三是麻纺织产品的出口量大跌。1804~1861 年，从事亚麻出口业务的大工厂数量从 285 家降至 100 家。19 世纪初，弗拉基米尔省的麻纺织工业发达，书伊、苏兹达尔和姆洛姆斯克等县城的麻纺织工业都蓬勃发展。1812 年卫国战争结束后，苏兹达尔县城建立数家大型亚麻厂，亚麻产品主要在国内市场销售，主要销售地区为西伯利亚与小俄罗斯地区。从 19 世纪 30 年代末开始，亚麻工业开始衰落，1851 年，苏兹达尔 6 家大型亚麻厂只剩 2 家，产品产量急剧下降。参见 Туган-Барановский М. И. Русская фабрика в прошлом и настоящем: Историко-экономическое исследование. Т. 1. Историческое развитие русской фабрики в XIX веке. М., Наука, 1997. С. 58-59。——译者注

[②] Покровский В. И. Сборник. Т. 1. С. 287.

续表

年份	大麻和亚麻产品的出口规模	亚麻制品的进口规模
1815	14115	—
1816~1820	8040	642
1821~1825	10740	808
1826~1830	10142	847
1831~1835	10493	849
1836~1840	10766	1301*
1841~1845	2330	358**
1846~1850	1713	492
1851~1855	844	940
1856~1860	1254	2069

注：＊表示 1836~1840 年的平均值，＊＊表示 1841~1845 年的平均值。1802~1840 年的统计单位为千纸卢布，1841~1860 年为千信贷卢布。

19 世纪初（最初 15 年），俄国大麻和亚麻产品的出口量仍很大，粗麻布的出口量达 20 万块，至 50 年代，其出口量减少了一半。[1]

与此同时，从国外进口的麻纺织品数量逐年提升，但主要进口的是高质量薄麻纺织品。

---

[1] 麻纺织工业衰落后，亚麻产品的出口量锐减。1758~1762 年、1793~1795 年、1814~1823 年、1834~1843 年和 1844~1846 年呢绒、粗制麻布等产品的年均出口量约为 7.7 万、25.1 万、20.3 万、19.5 万与 12.1 万匹。参见 Неболсин Г. П. Статистическое обозрение внешней торговли России. СПб., Типография департамента внешней торговли, 1850. Т. II. С. 410。——译者注

三十三　俄国麻线的进出口规模[①]

麻线是生产麻纺织品的重要原料，其进出口量也是衡量麻纺织工业的重要指标。1816~1860 年俄国亚麻和大麻纱线的年均出口规模详见表 3.55。[②]

表 3.55　1816~1860 年俄国亚麻和大麻纱线的年均出口规模

年份	亚麻纱线		大麻纱线	
	出口量（千普特）	出口额	出口量（千普特）	出口额
1816~1820	0.2	2.2	4.9	21
1821~1825	36	345	4.3	50

---

① Покровский В. И. Сборник. Т. 1. С. 287–288.

② 为了更好地进行对比，译者寻找了其他相关数据。1861 年农奴制改革前俄国大麻和亚麻的出口量详见下表。

1861 年农奴制改革前俄国大麻和亚麻的出口量

单位：千普特

年份	大麻	亚麻
1758~1760	1936	501
1778~1780	2741	548
1790~1792	3102	299
1801~1804	3333	1115
1807	3444	1698
1812~1814	2516	1367
1816~1820	2512	1207
1821~1825	2753	1741
1826~1830	2403	2378
1831~1835	2779	1921
1836~1840	3138	2740
1841~1845	2639	3222
1846~1850	2732	3516
1851~1855	2349	2810
1856~1860	3161	4049

资料来源：Пажитнов К. А. Очерки истории текстильной промышленности дореволюционной России: Хлопчатобумажная, льно-пеньковая и шелковая промышленность. М., Изд-во академии наук СССР, 1958. С. 215。

续表

年份	亚麻纱线		大麻纱线	
	出口量（千普特）	出口额	出口量（千普特）	出口额
1826~1830	25	478	2.7	34
1831~1835	13	402	2.4	72
1836~1840	7.7	272	2.8	48
1841~1845	—	102	2.0	20
1846~1850	1.4	29	47	157
851~1855	40	77	89	324
1856~1860	1.3	6.0	223	904

注：1841~1845 年出口额统计单位为千信贷卢布，其余年份为千纸卢布。

值得一提的是，19 世纪上半叶，麻线的出口量并不稳定，但可确定的是总体的出口量不高。俄国大麻纱线出口至英国的数量最多，其占比达 9/10。18 世纪下半叶，英国棉纺织工业发展迅速，在其推动下，麻纺织工业也快速崛起。

在出口麻线的同时，俄国还进口麻线，只是进口数量不大。1851~1860 年俄国麻线的进口规模详见表 3.56。

表 3.56　1851~1860 年俄国麻线的进口规模

单位：千普特，千卢布

年份	进口量	进口额	关税收入
1851~1855	7.8	147	22
1856~1860	109	187	33

为保护本国麻纺织工业，俄国政府大幅提高麻线的进口关税。1850 年和 1857 年关税税率规定，麻线的进口关税为 3 卢布/普特，1858 年关税再次提升 5%，随后关税提升至 3 卢布 30 戈比/普特。

三十四 俄国制索工业的生产规模
和出口规模[①]

制索工业也是俄国工业的重要组成部分，其规模也值得深究。

（一）制索工业的工厂和工人数量

19 世纪上半叶俄国制索工业的工厂和工人数量详见表 3.57。

表 3.57 19 世纪上半叶俄国制索工业的工厂和工人数量

单位：家，人

年份	工厂数量	工人数量	其中雇佣工人数量
1804	58	1520	1295
1825	98	2503	2303
1850	153	5000	—

（二）索具出口规模

俄国的索具质量较好，其产品大量出口国外。1767～1860 年俄国索具的年均出口规模详见表 3.58。

---

① Семенов А. Изучение историч. сведений о росс. внешней торг. и промышл. Ч. III. С. 969，287；Покровский В. И. Сборник. Т. 1. С. 287；Туган‐Барановский М. И. Русская фабрика в прошлом и настоящем：Историко‐экономическое исследование. Т. 1. Историческое развитие русской фабрики в XIX веке. Т. 1. Изд. 3. СПб.，1907. С. 86，89；Кулищер И. М. История русской торговли. Птр. 1902. С. 294.

表 3.58　1767~1860 年俄国索具的年均出口规模

年份	出口量（千普特）	出口额
1767~1769	45	—
1800~1802	288	—
1812~1814	200	1584
1816~1820	147	1286
1841~1845	286	702
1851~1855	331	831
1856~1860	516	1320

注：1841~1845 年出口额的统计单位为千信贷卢布，其余年份为千纸卢布。

俄国第一家索具制造厂产生于 17 世纪，此后该类工厂的数量逐年增加。18 世纪，俄国索具工厂的数量增加显著，产品出口量逐年提升，主要出口对象是英国。19 世纪，索具制造厂的数量增加并不明显，但出口量仍呈提升趋势，出口至美国的数量最多。1851~1853 年俄国出口至部分国家的索具数量详见表 3.59。①

---

① 为了更好地进行对比，译者寻找了其他相关数据。1861 年农奴制改革前俄国索具的出口量详见下表。

1861 年农奴制改革前俄国索具的出口量

单位：千普特

年份	出口量	年份	出口量
1758~1760	24.3	1831~1835	367
1778~1780	57.3	1836~1840	273
1790~1792	104.2	1841~1845	286
1812~1814	200	1846~1850	398
1816~1820	147	1851~1855	331
1821~1825	216	1856~1860	516
1826~1830	294		

资料来源：Пажитнов К. А. Очерки истории текстильной промышленности дореволюционной России：Хлопчатобумажная，льно-пеньковая и шелковая промышленность. М.，Изд-во академии наук СССР，1958. С. 209。

表 3.59　1851～1853 年俄国出口至部分国家的索具数量

单位：普特

出口国	出口量
美　国	143568
英　国	98615
土耳其	45804
瑞　典	13973

三十五　俄国呢绒、毛线和毛纱工业的生产规模①

（一）俄国呢绒、毛线和毛纱工业的生产规模

从 18 世纪开始，俄国毛纺织工业发展迅速，其中呢绒和毛线等工业部门的发展速度最快。1762～1860 年俄国呢绒、毛线和毛纱工业的生产规模详见表 3.60。

表 3.60　1762～1860 年俄国呢绒、毛线和毛纱工业的生产规模

单位：家，人

年份	工厂数量	工人数量	其中雇佣工人数量
1762	120	—	—
1790	—	17000	—
1804	155	28689	2788

① Семенов А. Изучение историч. сведений о росс. внешней торг. и промышл. Ч. III. С. 259, 270 - 271, 478; Покровский В. И. Сборник. Т. 1. С. 294; Туган-Барановский М. И. Русская фабрика в прошлом и настоящем: Историко-экономическое исследование. Т. 1. Историческое развитие русской фабрики в XIX веке. Т. 1. Изд. 3. СПб., 1907. С. 86, 89, 73-76; Кулищер И. М. История русской торговли. Птр. 1902. С. 294.

续表

年份	工厂数量	工人数量	其中雇佣工人数量
1814	235	49364	—
1825	324	63603	11705
1850	492	98787	—
1856	525	106930	—
1860	603	113810	—

（二）生产规模扩大

1767~1860 年俄国呢绒、毛线和毛纱工业的产品产量逐年提升，产品价值也明显增加。1767~1860 年俄国呢绒、毛线和毛纱工业的生产规模详见表 3.61。

表 3.61　1767~1860 年俄国呢绒、毛线和毛纱工业的生产规模

单位：俄尺，卢布

年份	生产数量	生产价值
1767	1647998	944000
1773	—	1178000
1804	2821965	—
1820	3960000	—
1825	7516271	—
1850	—	25000000
1856	—	32323000
1860	—	35210000

（三）1856~1860年俄国毛纱、呢绒和毛纺织工业的生产规模

1856~1860 年俄国毛纱、呢绒和毛纺织工业的生产规模详见表 3.62。

表 3.62　1856~1860 年俄国毛纱、呢绒和毛纺织工业的生产规模

单位：家，千人，千卢布

年份	毛纱			呢绒			细毛和半毛纺织品		
	工厂数量	工人数量	生产额	工厂数量	工人数量	生产额	工厂数量	工人数量	生产额
1856	12	0.93	386	435	95	26009	78	11	5928
1860	12	0.81	450	432	95	26024	159	18	8737

俄国第一家大型呢绒手工工场建立于 1650 年，由冯·斯维杰诺米（Сведеномя）建立，该手工工场生产的产品与俄国国有呢绒手工工场生产的呢绒产品相竞争。彼得一世时期俄国就已开始建立生产呢绒和毛纺织品的大型工厂，1698 年，在俄国创建了第一家军用呢绒手工工场。19 世纪初，俄国呢绒和毛纺织工厂的数量达 155 家，产品主要供应给国家，它们均按照政府订单进行生产。虽然工厂的数量逐年增加，但仍不能满足军队的需求，为此，俄国社会各界从波斯和英国购买呢绒，从英国进口呢绒的数量最多。1797 年，俄国政府颁布规章禁止手工工场生产的军用呢绒出售给私人，1803 年，政府再次颁布命令确认该规章。类似的规章在一定程度上遏制了呢绒工业的发展速度，也导致其生产技术停滞不前。值得一提的是，该政策推行得并不是很成功，究其原因是俄国生产技术落后，工厂所产的呢绒产品无力与英国同类产品竞争。1809 年，俄国政府允许呢绒工厂主的产品在国内市场上出售。1816 年，完全免除了呢绒工厂主为国家供货的义务。从那时起，呢绒和毛纺织工业进入了快速发展时期。1822 年，军队所需的呢绒仍是由本国生产，约 400 万俄尺。1823 年，在赫尔松建立了俄国第一家洗毛和毛线分类工厂，随后还建立了第一家独立的毛纱工厂。

19 世纪 40 年代，随着机械化生产方式的逐渐推广，不但产品质量开始改善，产品产量也大幅增加。在这样的状况下，产品价格明显回落，19 世纪 50 年代，部分毛纺织品的价格降低了 20%～40%。

俄国呢绒和毛纺织工业主要集中于莫斯科省、圣彼得堡省、哥罗德诺夫省和利夫兰省。

19 世纪 50 年代，俄国呢绒和毛纺织品的产值已达 2500 万卢布，当时出口额为 250 万卢布。由此可见，从 19 世纪 40 年代开始，俄国呢绒和毛纺织工业均快速发展。

三十六　1802～1860年俄国毛纺织品的进出口规模①

俄国从国外大量进口毛纺织品，同时其部分毛纺织品也出口国外。1802～1860 年俄国毛纺织品的进出口规模详见表 3.63。

表 3.63　1802～1860 年俄国毛纺织品的进出口规模

年份	出口额	进口额
1802～1807	76	5555
1812～1815	785	404
1816～1820	1107	15945
1821～1825	859	16638
1826～1830	1733	16683
1831～1835	2165	10285

① Семенов А. Изучение историч. сведений о росс. внешней торг. и промышл. Ч. III. С. 259; Покровский В. И. Сборник. Т. 1. С. 260; Кулищер И. М. История русской торговли. Птр. 1902. С. 291.

年份	出口额	进口额
1836~1840	3576	10870
1841~1845	3106	3515
1846~1850	2917	2549
1851~1855	2636	1363
1856~1860	2569	3599

注：1802~1840 年统计单位为千纸卢布，1841~1860 年为千信贷卢布。

由表 3.63 中数据可知，19 世纪初到 30 年代，俄国毛纺织品的出口额呈增加趋势。从 19 世纪 40 年代开始，出口额呈下降趋势。

18 世纪，进口呢绒和毛纺织品的数量不容忽视，其进口量约占总需求量的 1/3 左右。18 世纪末俄国毛纺织品和呢绒产品的进口规模详见表 3.64。

表 3.64　18 世纪末俄国毛纺织品和呢绒产品的进口规模

单位：俄尺，百万银卢布

年份	进口量	进口额
1778~1780	845000	1.5
1790~1792	—	4.0

1767 年，俄国呢绒产品的产量为 1647998 俄尺，产品价值为 944000 卢布，1773 年，其价值为 1174000 卢布。

俄国毛纺织品的出口对象主要是亚洲国家，出口至欧洲诸国的毛纺织品数量很少。1851~1860 年俄国出口至欧洲的毛纺织品规模详见表 3.65。

表 3.65　1851~1860 年俄国出口至欧洲的毛纺织品规模

单位：千信贷卢布

年份	出口额	年份	出口额
1851~1855	19	1856~1860	40

三十七　俄国皮革工业[①]

16~17 世纪，莫斯科公国的皮革工业，尤其是软革加工业十分发达。1634 年，俄国政府为一名德国人颁发特许证，允许他在俄国建立鹿皮加工手工工场。彼得一世时期，俄国政府严格限定皮革工业的发展。18 世纪，俄国的皮革工业仍具有明显的手工业特征。1761 年，俄国共有 25 家皮革加工手工工场，其中 10 家专门生产绒面革。18 世纪 90 年代，俄国皮革加工厂的数量达 84 家。1804~1860 年俄国皮革工业的生产规模详见表 3.66。

表 3.66　1804~1860 年俄国皮革工业生产规模

单位：家，千人，百万卢布

年份	工厂数量	工人数量	生产额
1804	850	6.3	—
1814	1530	7.8	—
1825	1784	8.0	—
1835	1862	—	—
1850	2063	10.4	840
1860	2279	12.4	1590

19 世纪上半叶，俄国皮革工厂的数量并不多，它们主要使用雇佣劳动力工作。1850 年，该工业部门的产品价值为 838.9 万卢布，其中 164.1 万卢布的产品出口至国外。

[①]　Покровский В. И. Сборник. Т. 1. С. 181, 184.

三十八　1805~1860年俄国棉纺织工业的生产规模①

（一）1805~1840年棉纺织工厂的数量

棉纺织工厂数量是衡量该工业部门发展水平的重要指标。1805~1840年俄国棉纺织工业各部门的工厂数量详见表3.67。②

表 3.67　1805~1840 年俄国棉纺织工业各部门的工厂数量

单位：家

年份	纺纱	细平布和印花	织布	染色
1805	—	85	4	5
1807	—	81	6	15
1809	1	96	8	15

---

① Семенов А. Изучение историч. сведений о росс. внешней торг. и промышл. Ч. III. С. 271；Покровский В. И. Сборник. Т. 1. С. 275–276.

② 为了更好地进行对比，译者寻找了其他相关数据。1812 年俄国部分省份棉纺织工业的生产规模详见下表。

1812 年俄国部分省份棉纺织工业的生产规模

省份	工厂数（家）	车床数量（台）	工人数量（人）	产品产量（俄尺）
弗拉基米尔	58	5089	7057	4300405
莫斯科	10	3050	5773	2576870
雅罗斯拉夫	2	110	182	111795
圣彼得堡	1	37	175	155940
沃罗格达	1	7	9	2800
总　计	72	8293	13196	7147810

资料来源：邓沛勇《俄国经济史（1700~1917）》，社会科学文献出版社，2020，第 83 页。

续表

年份	纺纱	细平布和印花	织布	染色
1812	11	13	9	3
1814	—	99	12	14
1825	—	200		8
1828	—	216		8
1831	6	225		79
1835	11	235		89
1840	20	224		88

（二）1850~1860年俄国棉纺织工业的发展规模

1850~1860 年俄国棉纺织工业的发展规模详见表 3.68。[①]

表 3.68　1850~1860 年俄国棉纺织工业的发展规模

工业部门	年份	工厂数量（家）	工人数量（千人）	生产额（千卢布）
纺纱	1850	50	30.8	15.887
	1860	57	41.9	28.670

---

① 为了更好地进行对比，译者寻找了其他相关数据。1804~1852 年俄国棉纺织工业发展规模详见下表。

1804~1852 年俄国棉纺织工业发展规模

年份	企业数量（家）	工人数量（千人）	年产棉布数量（百万俄尺）	单位工人的年产量（俄尺）
1804	199	8.2	6.1	743.9
1814	424	39.2	26.0	663.3
1820	440	36.1	35.0	969.5
1830	538	76.2	84.0	1102.4
1852	756	138.3	257.1	1859.0

资料来源：Соловьева А. М. Промышленная революция в России в XIX в. М., Наука, 1991. C. 33。

续表

工业部门	年份	工厂数量(家)	工人数量(千人)	生产额(千卢布)
麻纺织	1850	480	79.0	12.771
	1860	659	77.8	19.343
细平布、染色	1850	321*	—	16.224
和装饰	1860	—	—	23.104

注：＊此数据源于谢苗诺夫的著作，参见 Стат. свед. о мануф. пром. в России. С. 21。

　　与棉纺织工业相比，俄国棉纱工业的发展速度相对较慢。究其原因是，1842 年之前，英国政府不允许纺纱机器出口国外。俄国工厂主只能进口法国和比利时老化或性能较差的机器，所以俄国工厂生产的纱线很难与英国纱线相竞争。相较英国纱线而言，俄国工厂生产的纱线价格相对较高，所以很多纺织工厂只能从国外进口棉纱。据统计，1846～1850 年英国出口的纱线 40% 运至俄国，1851～1855 年其占比降至 16%，1856～1860 年降至 10%。坚戈博尔斯基（Тенгоборский）在 1858 年提及："现在，俄国市场上国外棉布的数量并不多，只有 7% 的棉布由国外进口。由于价格日渐低廉，居民对棉布的需求大幅增加，农民穿着本国工厂生产的印花布，犹如他们之前喜欢自家纺织的粗麻布一样。19 世纪 50 年代，俄国棉纺织工业发展迅速，纺纱工厂的生产额从 1850 年的 1580 万卢布增至 1860 年的 2860 万卢布，棉布产值从 1270 万卢布增加至 1330 万卢布，印花布和装饰品的产值从 1620 万卢布增加至 2310 万卢布，运至市场上销售的纺织品数量明显增加，其价值由 1851～1855 年的 350 万卢布增至 1856～1860 年的 710 万卢布。"

　　在棉纺织工业的诸多工业部门中，最先发展起来的是印花工业，然后是织布工业，最后是棉纱工业。出现这种状况的原因是俄国生产印花布和细平布的工厂可顺利地从国外进口相关机器设备，学习他们的技术和经验。由于俄国居民生产粗麻布的历史悠久，所以他们很快就能学会生产印花布和细平布，在这种情况下，产品产量明显提高。由于英国所产的机械纱线价格低廉，俄国因生产技术落后，纱线生产成本较高，所以纺纱和织布工业发展相对缓慢。1842年，英国政府取消纺纱机器的出口限制之后，纺纱机器才在俄国境内推广，俄国的纺纱和织布工业开始快速发展。

1800~1850年，俄国纺纱工业发展迅速，此时的棉花加工量是原棉进口量的50倍以上。19世纪40年代中期之前，棉纱进口量一直增加，之后棉纱进口量快速降低。俄国棉纱产量增加是棉纺织工业快速发展的直接表现。19世纪50年代初，俄国的纺锤数量（1100000个）跃居世界第五位，落后于英国（20977000个）、法国（4200000个）、美国（2500000个）和奥地利（1400000个）。

俄国棉纺织工业迅速发展的原因众多，其中，城市居民数量增加、农产品商品化程度日渐提升、生产专门化趋势逐步强化均是重要的影响因素，与此同时，黑土区的农业特征越发明显及非黑土区的工商业特征日渐凸显也是影响棉纺织工业的因素。由于棉布价格低廉，很多农民放弃了生产粗麻布，开始从事其他手工业。随着农民收入的增加，他们的印花布需求量明显增加，加上后来纺纱和织布机器的快速普及，棉纺织品的价格迅速回落，普通居民纷纷购买棉纺织品。

三十九 1802～1860年俄国棉花、棉纱
和棉纺织品的进出口规模[①]

1802～1860 年俄国棉花、棉纱和棉纺织品的进出口规模详见表 3.69。[②]

表 3.69 1802～1860 年棉花、棉纱和棉纺织品的进出口规模

年份	进口量（千普特）		进口额	出口额
	棉花	棉纱	棉纺织品	
1802～1807	—	—	4958	—
1812～1815	50	120	7031	705

---

① Покровский В. И. Сборник. Т. 1. С. 278；Туган-Барановский М. И. Русская фабрика в прошлом и настоящем：Историко-экономическое исследование. Т. 1. Историческое развитие русской фабрики в XIX веке. Т. 1. Изд. 3. СПб.，1907. С. 61；Кулищер И. М. История русской торговли. Птр. 1902. С. 291；Тарле Е. В. Континент блокада. С. 500.

② 为了更好地进行对比，译者寻找了其他相关数据。1861 年农奴制改革前俄国棉花和棉布的年均进口量详见下表。

1861 年农奴制改革前俄国棉花与棉布的年均进口量

单位：千普特

年份	棉花	棉布	年份	棉花	棉布
1812～1815	5	12	1836～1840	32	59
1816～1820	5	19	1841～1845	53	59
1821～1825	7	23	1846～1850	112	35
1826～1830	10	43	1851～1855	167	12
1831～1835	15	56	1856～1860	262	21

资料来源：图甘-巴拉诺夫斯基：《19 世纪俄国工厂发展史（第四版）》，张广翔、邓沛勇译，社会科学文献出版社，2017 年，第 4 页。

续表

年份	进口量（千普特）		进口额	出口额
	棉花	棉纱	棉纺织品	
1816~1820	50	190	16161	899
1821~1825	70	236	12151	2256
1826~1830	103	432	12424	6348
1831~1835	149	560	10190	4967
1836~1840	320	589	13989	4461
1841~1845	527	590	3960	1953
1846~1850	1115	351	3882	2373
1851~1855	1533	118	3647	2679
1856~1860	2421	217	7170	3399

注：1802～1835 年进出口额的统计单位为千纸卢布，1836～1860 年为千信贷卢布。

В. И. 波克罗夫斯基认为，19 世纪初，棉花进口量逐年增加，1808 年为 75000 普特，随后增加至 10 万普特（1805 年、1806 年、1810 年和 1811 年均是如此）。

Е. В. 塔尔列（Тарле）认为，大陆封锁政策实施时期俄国从美国大量进口棉花，其数量详见表 3.70。

表 3.70　大陆封锁政策实施时期俄国从美国进口棉花的数量

单位：磅

年份	数量
1809	557924
1810	3769137
1811	9255404

1811 年，俄国从欧洲诸国进口棉花的数量大幅降低，具体数据详见表 3.71。

表 3.71 1811 年俄国从欧洲部分国家进口棉花的数量

单位：磅

国家	数量
普鲁士	231679
西班牙	218880

1811 年，由于工业革命的推广，欧洲大陆诸国供应给俄国的棉纱数量大增，出口至俄国的棉花数量非常少。

1812 年，随着大陆封锁政策的取缔，欧洲诸国开始从美洲大量进口棉花，运至俄国的棉花数量大幅减少，1822 年之前该状况一直存在。保护性关税税率实施之后，俄国棉纺织工业迎来了全新的发展阶段。1812~1820 年，俄国棉纱的进口量稍有增加。

19 世纪 40 年代，由于俄国棉纱和棉纺织工业的快速发展，棉纺织品的进口量明显降低。1857 年关税税率推行之后，俄国进口的棉纺织品只是那些本国不能生产的产品，或者高质量的纺织品。

四十 19世纪20~60年代俄国出口至亚洲国家的棉纺织品规模[①]

虽然俄国棉纺织工业发展相对滞后，但仍有部分棉纺织产品出口国外，主要出口至亚洲诸国。19 世纪 20~60 年代俄国出口至亚洲国家的棉纺织品规模详见表 3.72。

---

① Покровский В. И. Сборник. Т. 1. С. 279；Баранов А. А. Исторический обзор хлопчато-бумажных производств в России. М.，1913.

表 3.72　19 世纪 20~60 年代俄国出口至亚洲国家的棉纺织品规模

年份	年均出口额
1821	2264880 纸卢布
1831	4840653 纸卢布
1833~1835	1221490 银卢布
1851~1853	2615518 银卢布
1859~1861	4057666 银卢布

19 世纪 20 年代，随着俄国棉纺织工业的快速发展，俄国开始向亚洲部分国家出口棉纺织品，由此可知，尼古拉一世的东方政策并不是毫无价值。

俄国出口至欧洲诸国的棉纺织品数量极低，19 世纪 50~60 年代的年均出口规模详见表 3.73。

表 3.73　1851~1860 年俄国出口至欧洲诸国的年均棉纺织品规模

单位：千卢布

年份	年均出口额
1851~1855	2.3
1856~1860	25.0

第四章　贸易和信贷

一　俄国的展销会[1]

18 世纪至 19 世纪上半叶，俄国贸易最主要的形式为定期贸易、固定贸易和流动贸易，展销会和集市是定期贸易最主要的形式，其中展销会贸易的影响力最大。

（一）下诺夫哥罗德展销会

在俄国所有的展销会中，下诺夫哥罗德展销会的规模最大。1817~1852 年下诺夫哥罗德展销会的商品交易规模详见表 4.1。

---

① Семенов А. Изучение историч. сведений о росс. внешней торг. и промышл. Ч. III. С. 7; Пичет В. И. История народн. хозяйства в России XIX - XX вв. М. , 1922. С. 68 - 69; Мукосеев В. А. Торговля и кредит I. Т. Обществ. движение в России в нач. XX. В. СПб. , 1909. С. 93.

表 4.1　1817~1852 年下诺夫哥罗德展销会的商品交易规模

年份	运进商品金额（银卢布）	出售商品金额（卢布）
1817~1826	32000000	—
1840~1850	52712000	44504000
1852	64500000	—

1852 年运至下诺夫哥罗德展销会的商品规模详见表 4.2。①

表 4.2　1852 年运至下诺夫哥罗德展销会的商品规模

单位：卢布

商品类别	金额	商品类别	金额
俄国国产各类商品总值	4925 万银卢布	亚洲工业制品价值	1150 万卢布
其中铁、鱼、蜂蜜等商品价值	1325 万卢布	欧洲工业制品价值	375 万卢布
其中工业制品价值	3600 万卢布		

1817 年，下诺夫哥罗德展销会的商品主要运至莫斯科、奥卡河流域、伏尔加河流域、卡马河流域和里海流域。在展销会的商品中，

---

① 19 世纪上半叶，下诺夫哥罗德展销会商品中工业品的比重不断提升，纺织品、金属制品、铜和铁等货物所占的比重较高。19 世纪 50 年代，茶叶交易额占下诺夫哥罗德展销会商品交易总额的 12%，金属制品的占比为 14%，棉纺织品的占比为 14%，其余纺织品的占比为 12%。1861 年农奴制改革前，在下诺夫哥罗德展销会的商品中，工业品的占比最高。其他材料对下诺夫哥罗德展销会的货流量进行了分析，具体数据详见下表。

1825~1840 年下诺夫哥罗德展销会货流量

单位：卢布，%

年份	运进商品总额	销售商品总额	商品销售额占比
1825	17101573	11461456	67
1832	34551904	29039627	84
1840	47265000	38829000	82

资料来源：Халин А. А. Система путей сообщения нижегородского поволжья и ее роль в социально-экономическом развитим региона（30 - 90 гг. XIX в.）. Нижний Новгород., Изд-во Волго-вятекой академии государственной службы, 2011. С. 89。

工业品、皮革、日用百货、酒产品、烟草、黄金制品、玻璃、陶瓷、化学制品、亚麻、棉花和农民手工业品的数量较多。

（二）伊尔比特展销会

伊尔比特展销会是俄国第二大展销会，1841~1850 年运至伊尔比特展销会的商品平均价值为 2330 万银卢布，出售商品价值为 1810 万卢布。

1850~1860 年运至伊尔比特展销会的年均商品价值达 3200 万银卢布。

伊尔比特展销会的工业品主要出售至伏尔加河流域和西伯利亚地区，西伯利亚的皮革和毛皮等货物也运至伊尔比特展销会销售。据统计，19 世纪上半叶，伊尔比特展销会的毛皮销售具有国际性特征，大部分毛皮出口至国外。

（三）哈尔科夫展销会

哈尔科夫展销会是俄国南部地区最大的展销会。1844~1850 年哈尔科夫展销会的商品规模详见表 4.3。

表 4.3　1844~1850 年哈尔科夫展销会的商品规模

单位：卢布

展销会	运进商品总额		销售商品总额	
	1844 年	1850 年	1844 年	1850 年
克列谢尼斯克展销会	11163315	12191910	5785620	7527684
乌斯片斯基展销会	6039305	5370785	201600	1976613
波克罗夫斯基展销会	2130312	3292289	984984	1581020
特罗伊茨基展销会	768986	1601364	754751	1594425

哈尔科夫展销会的工业品主要销售至乌克兰、新俄罗斯和小俄罗斯地区。通常商人们会在其他地区大量采购商品，然后以零售方式在展销会销售。

二　俄国股份公司的数量①

在西方金融市场的影响下，俄国出现了股份公司创立热潮。1799~1860 年俄国股份公司的规模详见表 4.4。

表 4.4　1799~1860 年俄国股份公司的规模

单位：家，百万卢布

年份	新创建股份公司数量	资本额
1799	1	1.1
1822~1834	5	4.4
1835~1838	43	—
1839~1849	21	14.5
1852~1855	18	16.4
1856~1860	108	317.0

18 世纪下半叶，俄国就产生了股份公司，其中以 1799 年创立的俄美公司最为知名，它在俄国股份公司发展过程中的作用不容小觑。1827 年，俄国建立了第一家大型股份制公司，即俄国保险股份公司，注册资金为 400 万卢布。1835~1838 年，股份公司的数量大增，其中制糖厂、肥皂厂、棉纱厂和织布厂的数量较多。1836 年，俄国创建了皇村铁路公司，也是早期股份制公司的代表。1850 年和 1851 年，在俄国并没有建立新的股份制公司。19 世纪 50 年代下半期的经济危

---

①　Новый энциклопедич. Словарь.//статье Яснопольского Л. Брокгауза. T. I. C. 806.

机过后，股份制公司再次大量涌现。1857 年，俄国建立了 14 家股份制公司，注册资本为 1.4 亿卢布；1858 年，新建股份制公司的数量和注册资本分别为 41 家和 5800 万卢布；1860 年，新建股份制公司的数量和注册资本分别为 17 家和 940 万卢布。

三　俄国国有信贷银行和商业银行的活动①

（一）国有信贷银行

国有信贷银行是俄国银行的重要组成部分。1814~1859 年俄国各类银行的存款规模详见表 4.5。

表 4.5　1814~1859 年俄国各类银行的存款规模

单位：百万卢布

年份	国有信贷银行	国有商业银行	私人银行	流动贷款
1814	8.6	—	22.9	0.03
1820	4.8	—	29.1	—
1825	6.8	5.0	27.5	—
1830	11.5	27.8	33.4	6.7
1835	15.7	46.6	37.0	7.6
1840	22.7	87.2	39.9	7.4
1845	29.8	109.0	50.6	12.4
1850	34.6	170.9	57.6	25.1
1855	39.8	212.5	62.9	48.1
1856	42.7	222.0	63.9	64.1
1857	45.2	229.4	62.3	75.4
1858	38.4	212.6	60.9	62.2
1859	34.9	175.1	38.0	53.0

---

① Новый энциклопедич. Словарь. //статье М. Марголина. Т. V. С. 99–100.

（二）国有商业银行

国有商业银行也是俄国银行系统的重要组成部分。1818～1859 年俄国国有商业银行的规模详见表 4.6。

表 4.6　1818～1859 年俄国国有商业银行的规模

单位：百万卢布

年份	年末存款	流动存款	期票价值	商业贷款
1818	2.9	0.2	10.9	1.4
1820	17.1	1.2	38.3	0.8
1825	28.0	0.1	34.2	0.8
1830	44.7	0.2	13.7	0.6
1835	65.9	0.3	9.2	0.7
1840	95.8	0.6	12.8	0.7
1845	125.7	0.1	12.2	0.6
1850	175.0	2.4	21.7	0.9
1855	215.9	0.5	17.8	2.1
1856	241.1	0.5	17.6	1.0
1857	240.0	2.9	20.8	2.1
1858	240.3	3.0	26.9	2.1
1859	198.0	1.9	47.6	4.7

1855～1859 年俄国各类银行的流动资金（包括国库的信贷资金）规模详见表 4.7。[①]

表 4.7　1855～1859 年俄国各类银行的流动资金（包括国库的信贷资金）规模

单位：百万卢布

年份	一月初存款额	当年接收的存款额	流动资金额	存款和贷款额
1855	873.0	223.9	191.5	1008.6
1856	924.7	286.7	234.2	1039.7
1857	1002.6	288.6	249.9	1010.2

---

① 这些银行均根据国有银行信贷规章而建立。

续表

年份	一月初存款额	当年接收的存款额	流动资金额	存款和贷款额
1858	1072.9	302.8	355.6	1037.8
1859	970.7	199.8	304.1	1081.6

俄国第一家银行创建于 1733 年，当时的银行也被称为货币代理处，它发放了年利率 8% 的贷款，借款人可用黄金和白银作为抵押物获取贷款。值得一提的是，货币代理处的主要业务是为私人提供贷款，此时很多高利贷者发放贷款的利率达 12%～20%，民众不堪重负，货币代理处开展相关业务后，私人高利贷者的业务很快终结。当时，很多政府组织从货币代理处获得贷款。1754 年，在圣彼得堡和莫斯科成立了贵族借贷银行。当年，在圣彼得堡还成立了商人借贷银行①，组建这些银行的目的是为在港口从事贸易的商人提供贷款。但上述银行业务开展得并不是很顺利，后来大多数银行因资不抵债被清理。1780 年，部分贵族银行的资金被转移。1786 年，银行再次将资本转交给国立信贷银行，它们开展业务的主要目的是促进贵族农业的发展。在银行的创立章程中曾明确指出，银行成立的目的是支持贵族购买土地，改善他们的经营环境，增加贵族地主的收入。

为推动首都小型信贷业务的发展，1772 年，俄国成立了莫斯科和圣彼得堡信贷和储蓄金库（Сохранная казна），组建该机构的目的是为地主提供贷款。1775 年，该机构正式开展业务，它们专门为贵族地主提供贷款，但借款人要以不动产作为抵押。

---

① 也有书籍中译为圣彼得堡港口商业振兴银行。参见〔俄〕鲍维金·瓦列里·伊万诺维奇、彼得罗夫·尤里·亚历山大罗维奇《俄罗斯帝国商业银行》，张广翔、王昱睿译，社会科学文献出版社，2018，第 15 页。

1817 年之前，新成立的商人信贷机构几乎没有开展任何业务，国有商业银行建立之后商人信贷机构的业务才蓬勃发展，其目的是推动工商业的发展。此时，银行的主要业务如下：一是存款业务；二是汇兑业务；三是外汇兑换。

值得一提的是，私人信贷业务也逐渐活跃。1809 年在维亚特卡省斯洛博茨基（Слободский）区建立了俄国第一家城市银行；1818 年奥斯塔什科夫（Осташков）也建立了城市银行，银行资金由当地大商人安菲拉托夫（Анфилатов）和萨维尼（Савиный）提供。城市银行的收入具有公益性质，银行的利润主要用于维护城市公共机构的运营。在商人拉林（Ларин）的支持下，1817 年，梁赞省留布恰赫（Любучах）村建立了俄国第一家农村银行。1857 年，俄国共有 21 家私人银行，总注册资本为 50 万卢布。在此期间，唯一的大型私人信贷银行是 1828 年建立的波兰银行。

从 1841 年开始，俄国创建了储蓄所。19 世纪 50 年代中期之前，圣彼得堡和莫斯科创立了两家储蓄所，以及 37 家社会救济机构的分支机构。

值得一提的是，这些信贷机构对俄国贸易和工业的影响并不大。

俄国银行业务的一大特征是资产和负债严重失衡。1818~1859 年，它们的年均贷款额为 1000 万~2500 万卢布，但存款达 2.0 亿卢布。商业银行并没有找到可靠的经营模式，它们将获得的大量资金用于长期贷款，或购买政府债券。一方面，商业银行贷款期限过长导致它们的业务危险系数很高；另一方面，银行吸收了大量存款，没有对存款进行合理的处置也导致业务亏损。

1855 年，在经历工商业萧条和大量发行债券之后，战争所引发的证券资本危机已逐步缓解，但此时银行的亏损仍然十分巨大。1855 年，银行总存款额为 8.7 亿卢布，1857 年，存款增至 10 亿卢布。政府虽然降低了存款利率，但由于当时兴起了股份公司兴建热潮，银行存款额快速增加。1859 年，两家银行濒临破产，为增加银行的流动资金，政府拨款 7700 万卢布，还在伦敦和柏林金融市场上借款 1200 万英镑。即便如此，这两家银行仍然破产，取而代之的是 1860 年建立的国家银行。

四 俄国邮政通信业务①

19 世纪上半叶，俄国邮政业务快速发展。1825~1850 年俄国邮局派送信件的数量详见表 4.8。

表 4.8 1825~1850 年俄国邮局派送信件的数量

年份	派送信件数量
1825	500 万封
1833	600 万封
1840	800 万封
1845	共 2290 万封，其中 1040 万封为私人信件，1200 万封为国家公文，其余 50 万封未统计归属
1850	共 2680 万封，其中 1200 万封为私人信件，1480 万封为国家公文

五 俄国与欧洲和亚洲国家的对外贸易规模②

随着工商业的发展，俄国的对外贸易规模不断扩大。1758~1853 年俄国与欧洲和亚洲国家的对外贸易规模详见表 4.9。

---

① Блнох И. С. Финансы России XIX в. Т. III. СПб. ， 1882. С. 161.

② Семенов А. Изучение историч. сведений о российск. внешн. торг. и промвшл. Ч. III. Приложение. С. 220.

**表 4.9　1758～1853 年俄国与欧洲和亚洲国家的
对外贸易规模**

单位：卢布

	年份	出口额	进口额	差额
与欧洲国家	1758～1760	9569776	7053426	2516350
	1768	12118998	10129613	1989385
	1778～1780	18065350	12528407	5536943
	1790～1792	26010884	25646139	364745
	1792	—	—	—
	1802～1804	46388569	28316130	18072439
	1814～1815	49051972	24759564	24292408
	1820～1821	53726970	55717812	-1990842
	1824～1826	54567395	45854095	8713300
	1827～1829	54403758	48665396	5738362
	1830～1832	65803115	46456740	19346375
	1833～1835	58481939	52798610	5683329
	1836～1838	72562120	60696816	11865304
	1839～1841	80296871	64399605	15897266
	1842～1844	74662159	65017905	9644254
	1845～1847	100435929	70064539	30371390
	1848～1850	80817550	77299025	3518525
	1851～1853	107177000	86467755	20709245
与亚洲国家	1758～1760	1194441	1341146	-146705
	1768	822561	726554	96007
	1778～1780	—	—	—
	1790～1792	—	—	—
	1792	3330335	3723964	-393629
	1802～1804	5188351	5800093	-611742
	1814～1815	2885015	3643603	-758588
	1820～1821	4575795	5465503	-889708
	1824～1826	3949471	5358541	-1409070
	1827～1829	5734442	7012027	-1277585
	1830～1832	4999451	6316110	-1316659
	1833～1835	5146861	6518530	-1371669
	1836～1838	5743633	8362812	-2619179
	1839～1841	7693581	10983459	-3289878
	1842～1844	9414501	12674209	-3259708
	1845～1847	10391215	14303821	-3912606
	1848～1850	9628860	12979405	-3350545
	1851～1853	10510909	14794305	-4283396

从莫斯科公国时期开始，俄国无论是与西欧诸国的对外贸易额，还是与亚洲诸国的对外贸易额，一直在稳步增长。对俄国而言，与欧洲和亚洲诸国的贸易规模差距很大。究其原因是，俄国出口至欧洲的主要货物是原料和农产品，而出口至亚洲的主要产品是工业品。虽然俄国的工业品在亚洲市场上遇到了欧洲发达国家工业品的竞争，但相对而言，它们的竞争并不激烈，俄国工业品还是有一定的市场。①

---

① 　为了更好地进行对比，译者寻找了其他相关数据。19 世纪中叶俄国对外贸易规模详见下表。

19 世纪中叶俄国对外贸易规模

单位：百万卢布

国　家	1846~1848 年		
	出口额	进口额	进出口总额
英　国	59. 3	37. 2	96. 5
德　国	12. 8	20. 0	32. 8
法　国	16. 6	11. 7	28. 3
中　国	9. 7	9. 7	19. 4
荷　兰	8. 2	9. 4	17. 6
丹　麦	17. 0	0. 4	17. 4
土耳其	8. 4	6. 0	14. 4
意大利	8. 2	3. 8	12. 0
奥地利	6. 5	4. 2	10. 7
美　国	2. 6	6. 3	8. 9
西班牙和葡萄牙	0. 7	3. 7	4. 4
瑞典和挪威	2. 2	2. 1	4. 3
其他国家	8. 1	13. 0	21. 1
总　计	160. 3	127. 5	287. 8

资料来源：Хромов П. А. Экономика России периода промышленного капитализма. М. , Издательство ВПШ и АОН при ЦК КПСС, 1963. C. 175。

六　俄国对外贸易额①

18 世纪中叶至 19 世纪中叶，俄国的对外贸易一直在稳步增长，但不同时期贸易规模差异较大，值得深究。

（一）1726~1800年俄国的年均对外贸易规模

1726~1800 年俄国的年均对外贸易规模详见表 4.10。

表 4.10　1726~1800 年俄国的年均对外贸易规模

年份	出口额	进口额	进出口总额
1726	4238	2126	6364.0
1742~1745	4939.4	3917.6	8857.0
1756~1760	8668.0	7893.8	16561.8
1762	12762.5	8162.2	20924.7
1776~1780	14.2	14.0	28.2
1791~1795	43.5	34.0	77.5
1796	67.7	41.9	109.6
1800	61.5	46.5	108.0

注：1726 年数据来源于 Милюков П. Н. Очерки русск. культуры. Ч. I. С. 111–112。1726~1762 年统计单位为千卢布，1776~1800 年统计单位为百万卢布。

（二）1801~1860年俄国的年均对外贸易规模

1801~1860 年俄国的年均对外贸易规模详见表 4.11。

---

① Покровский . В. И. Сборник. Т. I. С. XXVI–XXVII，XXIX и XXXIV.

表 4. 11　1801～1860 年俄国的年均
对外贸易规模

单位：千卢布

年份	出口额	进口额	进出口总额
1801～1805	75108	52765	127873
1806～1808	43169	31819	74988
1812～1815	61986	39106	101092
1816～1820	91712	70049	161761
1851～1825	81372	72250	153622
1826～1830	85715	79687	165402
1831～1835	94319	80999	175318
1836～1840	118435	101096	219531
1841～1845	132323	119864	252187
1846～1850	151757	131522	283279
1851～1855	133173	129962	263135
1856～1860	225594	205866	431460

　　18 世纪，俄国的货物出口额增长了近 14 倍，进口额增长了 21 倍，总贸易额增长了约 18 倍。1801～1860 年，俄国进出口额呈增长趋势，但增长速度放缓。无论是 18 世纪还是 19 世纪，对外贸易在俄国国民经济中均发挥了重要作用。

七　俄国与芬兰和波兰的双边贸易[①]

（一）俄国与波兰[②]的双边贸易额

19 世纪上半叶，俄波两国的双边贸易额详见表 4.12。

表 4.12　19 世纪上半叶俄波两国的双边贸易额

年份	出口额	进口额	进出口总额
1822	1416	2267	3683
1830	7953	8052	16005
1840	1914	859	2773
1850	2311	1276	3587

注：1822~1830 年统计单位为千纸卢布，1840~1850 年为千信贷卢布。

俄国与波兰间贸易的税率由 1812 年关税税率规章确定，1850
年，该税率废除。

---

① Пичет В. И. История народного хозяйства в России XIX-XX вв. В. I. C. 51；Семенов
А. Изучение историч. свед. о росс. внешн. торг. и пром. Ч. III. C. 155 и след. 虽然 18
世纪末波兰大部分地区，以及 19 世纪初芬兰就已纳入俄国版图，但俄国在核
算相关数据时一般将其单独计算。——译者注

② 1772~1795 年俄罗斯帝国、普鲁士王国、奥地利大公国瓜分波兰，在三次瓜
分波兰的战争中，俄国获取的土地最多，获取波兰 62% 的领土，总面积达
46.3 万平方千米，获取原波兰 45% 的人口；普鲁士夺取土地面积为 14.1 万
平方千米，占领波兰 20% 的领土，获取波兰 23% 的人口；奥地利获取 12.2
万平方千米土地，约为波兰总面积的 18%，获取波兰 32% 的人口。参见：孙
成木、刘祖熙、李建主编《俄国通史简编》（上），人民出版社，1986，第
373 页；于春苓、杨超《近现代国际关系体系演变史论》，黑龙江教育出版
社，2004，第 68~69 页；王绳祖《国际关系史》第一卷，世界知识出版社，
1995，第 316 页。——译者注

俄国与波兰的贸易具有一定的特殊性。1848~1850 年俄国与波兰的年均贸易规模详见表 4.13。

表 4.13 1848~1850 年俄国与波兰的年均贸易规模

单位：卢布

商品种类	进口额	出口额
生活物资	1468040	22203
军用物资	534057	416562
工业品	184627	878468
其他商品	213286	32527
总　计	2400010	1349760

俄国运至波兰的主要商品是有角牲畜、粮食、油脂、茶叶、烟草和马匹等，而波兰运至俄国的主要商品是呢绒、金属制品、铁和毛线等。

（二）俄国与芬兰①的双边贸易额

1822~1860 年俄国与芬兰的双边贸易额详见表 4.14。

---

① 1808 年 2 月 21 日，亚历山大一世派遣军队入侵芬兰，一个月内俄军先后占领阿波和斯瓦尔特霍姆，包围斯维亚堡，并占领阿兰群岛和果特兰岛。1809 年俄军分三路进攻瑞典，一路由巴克莱·德·托利率军横渡波的尼亚湾，一路由巴格拉吉昂率军取道阿兰群岛直逼瑞典首都斯德哥尔摩，另一路由舒瓦洛夫率军沿波的尼亚湾从陆路向北推进。俄军大举入侵之际瑞典宫廷发生政变，国王古斯塔夫四世被废，其叔父查理十三世继位。查理十三世登基后立即与俄国谈判，但亚历山大一世不予理睬。1809 年 3 月 25 日，亚历山大一世照会欧洲各国，宣布迄今开始瑞典的芬兰是俄国的一个行省，永远并入俄罗斯帝国的版图。3 月 28 日压力山大一世以"全俄罗斯皇帝和芬兰大公"的名义在博尔夫城召开芬兰议会，宣称保证芬兰维持其固有的宪法，不干涉芬兰全体居民享有的各项权利，俄国开始对芬兰的统治。1809 年 9 月 17 日，俄瑞两国签订《费列特斯汉姆和约》，瑞典将芬兰、阿兰群岛和瑞典本土东北部的一些领土割让给俄国，托尔尼奥河为两国边界。——译者注

表 4.14　1822~1860 年俄国与芬兰的双边贸易额

年份	出口额	进口额	进出口总额
1822	1061	320	1381
1830	2643	614	3257
1840	992	543	1535
1850	1780	791	2571
1860	2848	2288	5136

注：1822~1830 年的统计单位为千纸卢布，1840~1860 年为千信贷卢布。

从俄国运至芬兰的主要商品是面粉、粮食、烟草、索具、金属制品和皮革制品等等，从芬兰运至俄国的主要商品为铁和铸铁、树脂、松脂、牛油、腌肉、纸张、金属制品等。

由以上数据可知，俄国与波兰和芬兰的双边贸易额在俄国对外贸易额中的占比并不高。

八　19世纪上半叶俄国与主要欧洲和美洲国家的对外贸易额①

19 世纪上半叶俄国与欧洲和美洲主要国家的年均对外贸易额详见表 4.15。

表 4.15　19 世纪上半叶俄国与欧洲和美洲主要国家的年均对外贸易额

单位：卢布

国　　家	年份	进口额	出口额	进出口总额
英　　国	1845~1848	574565000	402600000	977165000
法　　国	1845~1847	315560000	294750000	610310000
荷　　兰	1846~1848	135830000	107400000	243230000

---

① Небольсин Г. Статист. обозрение внешней торговли России. Ч. II. С. 473-474.

国　　家	年份	进口额	出口额	进出口总额
比利时	1844~1846	83850000	74400000	158250000
奥地利	1844~1846	74460000	69980000	144440000
俄　　国	1844~1846	81000000	92687000	173687000
美　　国	1844~1847	178470000	179000000	357470000

由表 4.15 中数据可知，就对外贸易额而言，英国占据第一位。除俄国和美国外，其他国家的商品进口额均超过出口额，这些国家生产的商品在满足国内市场需求之后，剩余产品均销售至国际市场。相反，俄国生产的商品主要在国内市场销售，只有少量出口至国际市场，且主要出口至亚洲市场，19 世纪上半叶，俄国与亚洲国家的贸易规模并不大。

据 C. 古里沙穆巴尔（Гулишамбар）统计，19 世纪初，俄国对外贸易额占世界贸易总额的 3.8%，俄国的贸易额和世界贸易总额分别为 1.1 亿卢布和 28.6 亿卢布。整个 19 世纪，该占比变化不大。19 世纪中叶，俄国对外贸易额占世界贸易总额的 3.6%，俄国的贸易额和世界贸易总额分别为 2.8 亿卢布和 78.8 亿卢布。上述两个时期进出口总额最高的均是英国，1800 年和 1850 年英国对外贸易额占世界贸易总额的比重分别为 22% 和 20%。

九　19世纪上半叶进出口贸易规模及贸易与居民数量间的关系[①]

影响俄国对外贸易的因素众多，不能逐一分析，这里只探究它与

---

① Покровский . В. И. Сборник. Т. I. С. XXXIV.

居民数量间的关系，19 世纪上半叶进出口贸易规模及其与居民数量间的关系详见表 4.16。

表 4.16　19 世纪上半叶进出口贸易规模及贸易与居民数量间的关系

年份	出口额（千卢布）	进口额（千卢布）	进出口总额（千卢布）	居民数量（百万人）	单位居民的平均贸易额（卢布）
1801~1825	65413	48986	114399	41.19	2.78
1826~1850	116510	102634	219144	54.46	4.02

据统计，19 世纪上半叶，单位居民的平均贸易额增长了 44.6%。

十　俄国进出口商品名录[①]

俄国对外贸易颇为发达，进出口商品的种类众多，主要商品的进出口商品名录如下。

（一）出口商品名录

1653~1853 年俄国出口商品名录及其占比详见表 4.17。

表 4.17　1653~1853 年俄国各类出口商品的占比

单位：%

年份	生活物资	加工材料	工业品	其他商品
1653	30	65	2.5	2
1725	1.5	43	52	3
1749	1.5	50	40	8.5

---

① Милюков П. Н. Очерки по истории русской культуры. Ч. I. Изд. 5. С. 114-115；
Небольсин Г. Статист. обозрение внешней торговли России. Ч. II. С. 454.

续表

年份	生活物资	加工材料	工业品	其他商品
1778~1780	8	63	20	9
1802~1804	20	66	10	4
1851~1853	36	58	2	3

表中有的年份占比总量不足100%，原著如此，因无充分依据，保留原文。表4.18
同此。——编者注

由表4.17中数据可知，在17世纪的出口商品名录中，生活物资
占比很高，18世纪西欧对此类商品的需求量很低，到19世纪上半
叶，此类商品的需求量增加。在整个研究时段内，加工材料的占比变
化不大。从18世纪末开始，国际市场上俄国工业品（主要是大麻和
亚麻产品）的需求量明显降低。

（二）进口商品名录

1653~1853年俄国各类进口商品名录及其占比详见表4.18。

表 4.18　1653~1853 年俄国各类进口商品名录及其占比

单位：%

年份	生活物资	加工材料	工业品	其他商品
1653	21	27	51	1
1749	25	22	44	8
1778~1780	30	19	44	7
1802~1804	40	23	32	5
1851~1853	30	50	16	4

由表4.18中数据可知，18世纪俄国进口的主要商品是工业品。
在所有进口的生活物资中，处于首要地位的是鲱鱼。除此之外，酒类

产品的需求量也很大。

17 世纪和 18 世纪俄国商品大量出口国外，主要出口对象是英国，其中麻布、粗呢绒和绳索的数量较多，主要供应给英国舰队。随着机器在英国大工业中的广泛推广，这些俄国商品逐渐失去了往日的辉煌。19 世纪上半叶，俄国的工业品，如纺织品、金属制品、餐具和软革开始销售至东方国家。涅博利辛（Небольсин）曾指出，在出口贸易中，俄国作为农业国，与西方工业发达的大国相比差距甚大，但对于东方国家而言，俄国工业品还是具有一定的优势。因此，俄国出口至东方国家的工业品数量逐渐增加。

十一　1726年俄国进出口商品规模[①]

18 世纪初，俄国经济十分落后，出口至国际市场的商品数量不多，以原材料和农产品为主。1726 年俄国出口商品规模详见表 4.19。

表 4.19　1726 年俄国出口商品规模

商品种类	从圣彼得堡出口的商品数量	从阿尔汉格尔斯克出口的商品数量	两个港口的出口商品总量
大麻	494362 普特		494362 普特
亚麻	58616 普特	808 普特	59424 普特
油脂	25094 普特	24051 普特	49145 普特
铁	55149 普特	—	55149 普特
软革	169137 普特	2872 普特	172009 普特
亚麻制品	9600307 俄尺	718985 俄尺	10319292 俄尺
帆布	7747 匹	—	7747 匹
总计	2403423 银卢布	285387 银卢布	2688810 银卢布

---

①　Покровский . В. И. Сборник. Т. I. СПб. , 1902. С. XXIV.

1726 年俄国进口商品的规模详见表 4.20。

表 4.20 1726 年俄国进口商品的规模

商品种类	从圣彼得堡进口的商品数量	从阿尔汉格尔斯克进口的商品数量	两个港口的进口商品总量
饮料	137175 银卢布	4028 银卢布	141203 银卢布
糖	11289 普特	50 普特	11339 普特
咖啡	474 普特	20 普特	494 普特
丝线	3.5 普特	—	3.5 普特
染料	268280 银卢布	7381 银卢布	275661 银卢布
丝织品	15372 银卢布	92 银卢布	15464 银卢布
毛纺织品	662492 银卢布	464 银卢布	662956 银卢布
棉纺织品	23632 银卢布	—	23632 银卢布
麻纺织品	691 银卢布	249 银卢布	940 银卢布
总 计	1549697 银卢布	35846 银卢布	1585543 银卢布

1726 年，里加港的进口额为 155 万卢布，出口额为 54 万卢布，而当年俄国进口总额为 423.8 万卢布，出口总额为 212.6 万卢布。

十二 1793~1795年俄国年均进出口商品规模[①]

18 世纪末，随着俄国大工业的发展，俄国出口至国际市场的商品数量大增。1793～1795 年俄国年均出口商品规模详见表 4.21。

---

① Покровский . В. И. Сборник. Т. I. СПб. ， 1902. C. XXXIII.

表 4.21 1793~1795 年俄国年均出口商品规模

出口商品	数量	价值（千卢布）
大麻和麻垫	3062000 普特	8474
亚麻和麻垫	1261000 普特	5270
生铁	2966000 普特	5015
大麻和亚麻纺织品	14615000 俄	4285
粮食	403000 俄石	2878
皮革和软革	—	2865
木材	—	1539
大麻籽和亚麻籽	192000 普特	1415
粗布	22000 匹 896000 俄尺	999
大麻油和亚麻油	231000 普特	702
绳索	144 卷	459
鬃毛	21000 普特	448
鱼脂	6400 普特	421
碳酸钾	121000 普特	388
软毛	—	355
蜂蜡	17000 普特	346
糖	431000 普特	5595
呢绒和毛线制品	—	3978
棉纺织品	—	2607
染料	155000 普特	2404
丝织品	—	1822
咖啡	75000 普特	1315
酒类产品和饮料	—	1137
水果	—	903
盐	—	593
树木油脂	42000 普特	444
鲱鱼	67000 桶	416
毛皮	46000 张	413
啤酒与黑啤酒	7.3 桶*	387
香料	6100 普特	285
化妆品	41 普特	—
锡	15000 普特	250
镰刀	727000 把	219

* 原著无单位，单位为译者所加。——译者注

1793~1795 年，俄国年均出口商品额为 4326.6 万卢布。其中，肥皂、焦油、焦油肥皂、鱼子酱、蜡烛、精席、牛油和鱼油的年均出口额均低于 30 万卢布。

1793~1795 年，俄国年均进口商品额为 2786.6 万卢布。其中，棉花、粗麻布、铅、锌、铁板、针类产品、手工业仪器、日用百货、布袋、袜子、书写纸、陶瓷、药品、乳酪和马匹等进口商品的价值不超过 20 万卢布。

十三　19世纪初和19世纪中叶俄国进出口贸易的变化[①]

（一）出口商品

19 世纪初和 19 世纪中叶俄国主要出口商品名录及其占比详见表 4.22。

表 4.22　19 世纪初和 19 世纪中叶俄国主要出口商品名录及其占比

单位：%

商品种类	占比	商品种类	占比
19 世纪初		19 世纪中叶	
棉花	18	粮食	19
油脂	15	油脂	12
大麻	15	亚麻	11
亚麻	9	亚麻籽	8.5
铜、铁、钢	7.5	大麻	7.5
亚麻和大麻纺织品	5.5	毛线	3.5
毛皮	4	木材	3.5

19 世纪初，俄国主要出口商品为棉花、油脂、大麻和亚麻，上述几种商品占俄国出口商品总量的一半以上。19 世纪中叶，俄国金

---

① 　Кулишер И. М. История русской торговли. С. 300-301.

属、亚麻制品的出口量逐渐降低，成为二类出口商品；毛皮的出口量占比从 4% 降至 2.5%；毛线和木材的出口量明显增加。①

（二）进口商品

19 世纪初和 19 世纪中叶俄国主要进口商品名录及其占比详见表 4.23。

表 4.23　19 世纪初和 19 世纪中叶俄国主要进口商品名录及其占比

单位：%

商品种类	占比	商品种类	占比
19 世纪初		19 世纪中叶	
棉纺织品	16.5	棉纺织品	10
毛纺织品	16.5	糖	10
糖	12.5	茶叶	8
染料和染色物质	6.5	酒类产品和伏特加	6.5
酒类产品和伏特加	6.5	染料	6
丝线	6	棉布	4.5

---

① 为了更好地进行对比，译者寻找了其他相关数据。1861 年农奴制改革前俄国对外贸易规模详见下表。

1861 年农奴制改革前俄国对外贸易规模

单位：千卢布

年份	出口商品价值	进口商品价值
1801~1805	75108	52765
1806~1808	43169	31819
1812~1815	61986	39106
1816~1820	91712	70049
1821~1825	81372	72250
1826~1830	85715	79687
1831~1835	94319	80999
1836~1840	118435	101096
1841~1845	132323	119864
1846~1850	151757	131522
1851~1855	133173	129962
1856~1860	225594	205866

资料来源：Хромов П. А. Экономика России периода промышленного капитализма. М. , Издательство ВПШ и АОН при ЦК КПСС, 1963. С. 170。

续表

商品种类	占比	商品种类	占比
19 世纪初		19 世纪中叶	
茶叶	4	丝织品	4.5
盐	4	棉花	4.5
		毛纺织品	3.5
		丝线	3
		水果	3
		盐	2.5

19 世纪初，在俄国进口商品中，毛纺织品和棉纺织品合计占比约为 1/3，19 世纪中叶其占比降低，此时，很多手工业者在家使用本土毛线、丝线和棉纱进行生产。

十四 1842~1846年俄国各类出口商品的价值[①]

1842~1846 年俄国年均出口商品价值详见表 4.24。

表 4.24 1842~1846 年俄国年均出口商品价值

单位：银卢布

商品种类	价值
1. 农产品	
粮食	16968521
大麻、亚麻、大麻油和亚麻油、大麻籽和亚麻籽	24872141
其他农产品	387186
2. 畜牧产品	
油脂	11499317
毛绒	6526175

---

① Небольсин Г. Статист. обозрение внешней торговли России. Ч. II. С. 455–456.

商品种类	价值
短髭	1806332
粗制皮革	1265002
牲畜	1164059
肉、油脂、马髭、羽绒和其他相关产品	1229655
3. 木材、碳酸钾和焦油	3747725
4. 野味	2467293
5. 海鱼、鱼类产品	1026167
6. 蜂蜜与蜂蜡	407519
7. 丝线	185932
8. 盐	3862
9. 工业品和半工业品	
半工业品	3214896
工业品	9099759
10. 其他商品	1811058

在俄国出口商品中，农产品、畜牧产品的占比超过一半，而工业品和半工业品的占比很低，仅为 14%。在农产品中，大麻、亚麻、大麻油和亚麻油、大麻籽和亚麻籽的占比为 59%，粮食占比为 40%。

十五　俄国出口至亚洲的工业品[①]

（一）俄国出口至波斯和土耳其（亚洲部分）的商品规模

1758~1853 年俄国出口至波斯和土耳其（亚洲部分）的年均商

---

① Семенов А. Изучение исторических сведений о росс. внешней торг. и. пром. Ч. III. Прил. С. 165, 185.

品规模详见表 4.25。①

表 4.25　1758~1853 年俄国出口至波斯和土耳其（亚洲部分）的年均商品规模

单位：银卢布

年份	出口总额	工业品出口额
1758~1760	243454	134551
1792	352310	176462
1802~1804	96419	26005
1805~1813	289335	106089
1814~1815	499532	139104
1820~1821	823701	233868
1824~1826	996126	460560
1827~1829	1867022	1059503
1830~1832	1398230	830133
1833~1835	1162471	502433
1836~1838	1453943	543028
1839~1841	1223197	349776
1842~1844	1264874	331607
1845~1847	1165637	278299
1848~1850	1286513	318699
1851~1853	1756716	308376

---

① 为了更好地进行对比，译者寻找了其他相关数据。19 世纪上半叶俄国出口至亚洲诸国的商品价值和占比详见下表。

19 世纪上半叶俄国出口至亚洲诸国的商品价值和占比

单位：千银卢布，%

年份	俄国出口商品总值	俄国出口至亚洲诸国的商品价值	俄国出口至亚洲诸国的商品价值占比
1825	66689	3387	5.1
1830	71746	4512	6.3
1835	60864	5024	8.3
1840	82525	5873	7.2
1845	88563	9761	11.0
1850	94357	10894	11.5

资料来源：孟宪章主编《中苏经济贸易史》，黑龙江人民出版社，1992，第 105 页。

（二）俄国出口至中亚（吉尔吉斯草原、希瓦汗国、布哈拉汗国和浩罕汗国）的商品规模

1758~1853 年俄国出口至中亚（吉尔吉斯草原、希瓦汗国、布哈拉汗国和浩罕汗国）的年均商品规模详见表 4.26。

表 4.26　1758~1853 年俄国出口至中亚（吉尔吉斯草原、希瓦汗国、布哈拉汗国和浩罕汗国）的年均商品规模

单位：卢布

年份	出口总额	工业品出口额
1758~1760	228083	174310
1792	1130002	762833
1802~1804	681892	398050
1814~1815	1002891	420325
1824~1829	1733248	1126338
1836~1838	1955627	1429559
1845~1847	2350589	1671526
1851~1853	2864245	2171067

（三）俄国出口至中国的商品规模

1759~1853 年俄国出口至中国的年均商品规模详见表 4.27。[1]

---

[1]　为了更好地进行对比，译者寻找了其他相关数据。1756~1800 年恰克图市场的贸易额和 19 世纪上半叶中俄恰克图贸易规模详见下表。

1756~1800 年恰克图市场的贸易额

单位：卢布

年份	贸易总额	年均贸易额
1756~1760	5345180	1069036
1770~1774	11601970	2320394
1780~1784	30416744	6083348.8
1796~1800	31168406	6233681.2

资料来源：孟宪章主编《中苏经济贸易史》，黑龙江人民出版社，1992，第89页。　　（转下页注）

表 4.27 1759~1853 年俄国出口至中国的年均商品规模

单位：卢布

年份	出口总额	工业品出口额
1759~1761	798566	312161
1792	1905769	287335
1802~1804	1457062	328062
1805~1813	1838049	1676208
1814~1815	1133864	335824
1816~1826	248722	105689
1827~1829	1576283	592589
1830~1835	557989	437733
1836~1838	2049645	1164607
1839~1844	284418	158392
1845~1847	6533799	4873863
1848~1850	341190	55176
1851~1853	5889948	4635272

（接上页注①）

19 世纪上半叶中俄恰克图贸易规模

单位：卢布

年份	中方商品价值	俄方商品价值
1807	5437788	5437788
1808	5052329	5052329
1809	6085348	6058348
1810	6580308	6580308
1827	7256076	7256076
1828	7349184	7349184
1829	7803553	7803553
1890	6898597	6898597
1847	6800560	6800560
1848	5349918	5349918
1849	5165334	5165334
1850	6916071	6916071

资料来源：Корсак А..Ф.Историческо-статистическое обозрение торговых сношений России с Китаем.Казань., издание книготорговца Ивана Дубровина, 1857. C. 105。

18 世纪，俄国出口至亚洲国家的工业品主要是外国产呢绒、俄国产呢绒、粗麻布和软革。19 世纪初，外国产呢绒的转口业务逐步终结，在出口至亚洲的工业品中，俄国本国所产的工业品出口量占据第一位，其中呢绒、棉布、大麻、亚麻布、金属制品、日用百货和加工皮革较为常见。①

从 19 世纪 20 年代开始，上述工业品的出口量大增，此时俄国大工业已开始发展，开始重视国际市场。但由于俄国是农奴制国家，生产力水平不高，加上国内市场的规模有限，对外贸易额停滞不前。尼古拉一世一方面打算满足资产阶级的利益，另一方面又不想牺牲贵族的利益，所以开始关注国际市场。

虽然俄国大工业发展缓慢，但工业品产量仍逐渐增加，加上欧洲诸国大工业发达，产品质量较好，所以俄国较为关注亚洲市场。虽然俄国工业品大量出口至亚洲市场，但 19 世纪 30 年代俄国出口至波斯和土耳其（亚洲部分）的商品数量仍少于英国。1827~1829 年，俄国出口至波斯和土耳其（亚洲部分）的商品数量达至顶峰，之后商

---

① 为了更好地进行对比，译者寻找了其他相关数据。1861 年农奴制改革前俄国出口商品结构中粮食的占比详见下表。

1861 年农奴制改革前俄国出口商品结构中粮食的占比

单位：%

年份	占比	年份	占比
1802~1807	18.7	1836~1840	14.8
1812~1815	10.5	1841~1845	16.4
1816~1820	31.2	1846~1850	31.3
1821~1825	8.4	1851~1855	29.7
1826~1830	15.7	1856~1860	35.1
1831~1835	15.4		

资料来源：Очерки экономической истории Росии первой половины XIX века. М.，Изд-во социально-экономической литературы，1959. C. 263。

品出口量大跌，英国工业品开始排挤上述国家市场上的俄国工业品。虽然波斯和土耳其（亚洲部分）市场对俄国十分重要，但随着英国工业品的迅速涌入，上述地区市场上俄国产品的占有率逐渐降低。19世纪 50 年代，塞瓦斯托波尔战役失败后，俄国工业资产阶级面临一个新任务，即由于俄国工业品在国际市场上的滞销，俄国必须关注国内市场，但发展国内市场的前提必须是取缔农奴制。

十六　1849～1853年俄国与部分国家和地区的贸易规模①

19 世纪中叶俄国对外贸易蓬勃发展，其贸易规模虽然值得深究，但各国家的贸易额占比更具有代表性。1849～1853 年俄国对外贸易额中各国家和地区的占比详见表 4.28。

表 4.28　1849～1853 年俄国对外贸易额中各国家和地区的占比

单位：%

国家/地区	出口商品占比	进口商品占比
英国	49.2	33.9
荷兰和比利时	7.6	5.2
法国	7.1	10.8
土耳其(欧洲部分)和希腊	6.7	6.3
普鲁士	5.5	11.2
奥地利	5.2	3.2
意大利	4.5	4.0
美国	2.5	10.1
瑞典和挪威	2.1	2.1

---

① Покровский . В. И. Сборник. Т. I. СПб. , 1902. С. XXXII.

续表

国家/地区	出口商品占比	进口商品占比
丹麦	1.7	0.3
西班牙和葡萄牙	0.6	4.3
其他国家/地区	5.6	0.8
中国	60.0	43.8
吉尔吉斯草原	16.8	13.0
波斯	8.1	23.6
土耳其（亚洲部分）	7.2	5.2
布哈拉汗国	3.2	4.3
希瓦汗国	0.8	1.5
浩罕汗国	0.2	0.2
其他国家/地区	3.7	8.4

俄国出口至所有欧洲国家和地区（包括波兰王国在内）的商品额为 9400 万银卢布，进口商品的价值为 7800 万银卢布。出口至亚洲国家和地区的商品价值为 1000 万银卢布，从亚洲国家和地区进口商品的价值为 1200 万银卢布。换言之，俄国与欧洲国家和地区的贸易额是其与亚洲国家和地区贸易额的 8.4 倍。

十七　1842~1846年俄国出口总量
和英俄贸易规模[①]

上文已提及，19 世纪上半叶，俄国最大的贸易伙伴是英国，1842~1846 年俄国出口总量和出口至英国的商品总量详见表 4.29。

---

① Кулишер И. М. История русской торговли. С. 191，192，268，277；Небольсин Г. Статист. обозрение внешней торговли России. Ч. II. С. 457.

表 4.29　1842~1846 年俄国出口总量和出口至英国的商品总量

商品	出口总量	出口至英国的商品总量
亚　麻	3120	2418
大　麻	2649	1852
毛　线	709	232
油　脂	3364	3018
皮　革	145	53
短　髭	74	45
亚麻籽	1097000	530000
木　材	2939000	1353000

注：亚麻籽的统计单位为俄石，木材的统计单位为卢布，其他商品的统计单位为千普特。

　　1765 年，英国进口俄国商品的总额约占圣彼得堡运出商品总额的 1/3，两者的价值分别为 96.3 万卢布和 330 万卢布，当时英国商人从俄国运出的商品总额占俄国出口商品总额的 70%。1794~1800 年，维尔斯特（Вирст）运至英国的商品总额占该地出口商品总额的 29%。佐穆巴尔特（Зомбарт）认为，18 世纪 80 年代，英国支付给俄国的货款约为 2500 万英镑。19 世纪上半叶，在出口业务中英国仍保留之前的地位（仍占据第一位）。Г. И. 涅博利辛（Небольсин）认为，1842~1846 年，在俄国所有的出口商品中，出口至英国的商品占比为 48%。此外，俄国从波罗的海出运出的大部分商品经过梅梅里、柯尼斯堡、丹齐格运至英国，而运至丹齐格、热那亚和君士坦丁堡等地的商品主要是粮食。

十八　外国人主导俄国对外贸易①

俄国本土商人的外贸业务由各港口的寄卖代理处完成，业务完成后由国外的贸易公司与之进行核算。俄国商人在寄卖代理处出售自己的商品，还通过寄卖代理处采购外国商品。值得一提的是，此时俄国本土商人很少与国外商行直接开展业务。

俄国大部分港口的大商人是外国人，他们或获得了俄国国籍，或是外国客商，其业务大多是在寄卖代理处开展，这些人根据外国商行的指令采购俄国商品，然后根据俄国商人的订单从国外采购相关商品。因此，此时俄国的对外贸易业务主要依靠外国人开展。

1847年俄国进出口商品名录显示，这一年西欧众多国家的粮食歉收，从俄国进口的粮食数量大增，当年仅俄国本土商人发往国外的商品价值就达300万卢布。据统计，当年俄国与欧洲诸国的贸易总额为1.34亿卢布，其中由外国人运输的商品额就达7200万卢布。在圣彼得堡港口所列的商品清单中，20家俄国公司的贸易额不超过5万银卢布，当年经英国公司进出口的商品价值为800万卢布，经英国、德国和其他国家公司进出口的商品价值为9400万卢布。虽然在里加和其他波罗的海港口也有外国人的寄卖代理处（主要是英国人），但当地商人在贸易中的作用也不容小觑。与之不同的是，在奥德萨、塔甘罗格，以及其他俄国南部港口进行贸易的大部分商人是希腊人和意

---

① Небольсин Г. Статист. обозрение внешней торговли России. Ч. II. С. 453 – 454；Семенов А. Изучение историч. свед. о росс. внешней торг. и пром. Ч. III. С. 225–226.

大利人，当时没有一家俄国本土商行与外国公司建立了直接的业务联系。

俄国商人唯一掌控的就是中俄贸易，外国人并没有介入其中。恰克图贸易在中俄贸易中具有决定性作用，中俄两国商人可在此地直接进行贸易。在欧俄地区的诸多港口中，俄国商人很少直接参与贸易业务，只有在与亚洲诸国的贸易中俄国商人才发挥着重要作用。他们在各类展销会中直接与亚美尼亚人、鞑靼人、布哈拉人、波斯人和其他亚洲商人开展业务。

笔者收集了 1853 年圣彼得堡港口的相关贸易信息，当年圣彼得堡共有 154 家贸易公司，但只有 30 家属于俄国商人。外国公司开展贸易的流动资金达 1.13 亿卢布，俄国公司开展贸易的流动资金只有 1300 万卢布，在圣彼得堡，俄国公司流动资金的占比仅为 1/9 左右。

十九　1802~1853年俄国诸港口中各国 船只的规模①

上文已提及，各港口中外国商人的数量最多，同样港口停泊的船只中，外国商船的数量也占主导。1802~1853 年俄国诸港口中各国船只的规模详见表 4.30。

---

① Семенов А. Изучение историч. свед. о росс. внешней торг. и пром. Ч. III. С. 231 - 232；Покровский. В. И. Сборник. Т. I. СПб.，1902. С. XXXV.

表 4.30　1802~1853 年俄国诸港口中各国船只的规模

单位：艘

年份	到港和离港船只数量	俄国船只数量
1802~1804	7530	697
1814~1815	7558	1866
1820~1821	8023	1379
1824~1826	7451	1199
1848~1850	13202	2110
1851~1853	17752	2202

半个世纪内，俄国到港和离港船只的数量增加了 1.4 倍，船只容量增长了 1.7 倍，俄国船只的数量占比由 9.3% 增加至 12.4%，其容量占比由 9.4% 增加至 11.4%。出现该状况的主要原因之一是，此时芬兰诸港口的船只计入了俄国船只的总量之中。

1802 年，俄国各港口到港的国外船只数量为 3780 艘，离港船只数量为 3750 艘，其容量为 585400 吨，这些船只装载了 46% 的到港货物和 98% 的离港货物。以上数据足以说明，俄国进口商品的重量虽然不高，但价值很高。1850 年，俄国到港船只的数量为 6780 艘，这些船只装载了 50% 的到港货物和 92% 的离港货物。

二十　1802~1850年波罗的海、黑海、亚速海和白海诸港口远洋贸易的规模[①]

在俄国所有海域中，波罗的海、黑海、亚速海和白海的贸易最繁荣。1802~1850 年，上述海域诸港口的远洋贸易规模详见表 4.31。

---

① Покровский. В. И. Сборник. Т. I. СПб. ，1902. С. XXXV.

表 4.31 1802～1850 年波罗的海、黑海、亚速海
和白海诸港口远洋贸易规模

单位：艘，吨，%

海域	到港船只数量		到港船只容量		1802～1850 年容量增长率
	1802 年	1850 年	1802 年	1850 年	1850 年
波罗的海	2768	3423	418092	634002	51.6
黑海和亚速海	706	2590	73204	487244	565.6
白 海	236	547	59276	112104	89.1
总 计	3710	6560	550572	1233350	124.0

由以上数据可知，1802～1850 年，白海海域到港船只容量增长了
89.1%，波罗的海海域到港船只容量增长了 51.6%，黑海和亚速海海
域到港船只容量增长了 5.7 倍。

二十一　19世纪初和19世纪中叶俄国部分海域的进出口商品价值[①]

19 世纪初和 19 世纪中叶俄国部分海域进出口商品价值占比详见
表 4.32。

表 4.32 19 世纪初和 19 世纪中叶部分海域进出口商品价值占比

单位：%

时期	出口商品价值占比				进口商品价值占比			
	波罗的海	黑海和亚速海	白海	里海	波罗的海	黑海和亚速海	白海	里海
19 世纪初	85.5	5.4	8.9	0.2	90.9	5.8	1.6	1.7
19 世纪中叶	60.6	33.1	5.6	0.7	83.7	13.5	0.5	2.3

---

① Покровский. В. И. Сборник. Т. I. СПб. , 1902. С. XXXV, XXXVI.

17 世纪，俄国的远洋贸易主要集中于白海海域，18 世纪则集中于波罗的海海域。19 世纪初，85.5%的出口贸易和 90.9%的进口贸易均集中于波罗的海海域。19 世纪上半叶，在远洋贸易中，波罗的海港口的作用降低，黑海和亚速海的作用提升，经过南部港口出口的主要商品是俄国南部种植的小麦，在出口商品中数量占据第一位。在进口贸易中，波罗的海诸港口具有主导作用，它们是外国工业品的销售中心，所以圣彼得堡的外国商品进口量最大。圣彼得堡的交通运输系统十分发达，与国内诸多城市的联系十分密切，如莫斯科。

二十二　1851~1853年俄国3个主要海域和西部边境的进出口商品价值①

1851~1853 年俄国 3 个主要海域和西部边境的进出口商品价值详见表 4.33。

表 4.33　1851~1853 年俄国 3 个主要海域和西部边境的进出口商品价值

单位：卢布

地　区	年均出口商品价值	年均进口商品价值
波罗的海海域	55200182	61859411
黑海和亚速海海域	34785181	9083995
白海海域	5389415	342162
西部陆路边境	11802222	15182187
总　计	107177000	86467755

---

① Семенов А. Изучение историч. свед. о росс. внешней торг. и пром. Ч. III. С. 68–69；Покровский. В. И. Сборник. Т. I. СПб. , 1902. С. XXXV.

　　18 世纪，俄国进出口业务主要由远洋贸易实现，据 B. П. 波克罗夫斯基统计，18 世纪末，俄国对外贸易总额中欧亚边境的陆路贸易额占比仅为 6%。19 世纪上半叶，其占比逐渐增加，到 19 世纪中叶，俄国欧亚边境出口贸易额占比达 17%，进口贸易额占比达 37%。

第五章　国家财政

一　1680～1805年国家收入和支出[①]

国家财政是衡量国家实力的重要指标，也是维系国家职能机构正常运转的重要保障，俄国也是如此。1680～1805 年俄国国家收入明细详见表 5.1。

表 5.1　1680～1805 年俄国国家收入

单位：百万卢布

年份	直接税收入		间接税收入	国家专营业务收入	国家财产部收入	关税	其他收入
	人头税和宫廷税收	手工业税					
1680	0.494	0.073	0.650	0.040	0.073	0.003	0.100
1701	0.584	0.065	1.196	0.791	0.065	0.118	0.135
1724	4.731	0.255	2.791	0.233	0.219	0.150	1.47
1764	9.121	0.152	8.182	0.158	0.152	0.015	1.624
1794	15.859	0.486	19.014	1.627	0.604	—	2.528
1825	32.604	5.363	22.596	4.457	2.712	6.108	9.204
1850	46.770	3.789	103.325	14.039	5.409	13.628	13.006

[①] Милюков П. Н. Очерки по истории русской культуры. Ч. I. C. 172，152；Покровский М. Н. Очерка истории русской культуры. Ч. I. C. 200 и след.

1680～1850 年俄国国家财政支出明细详见表 5.2。

表 5.2　1680～1850 年俄国国家支出

单位：百万卢布

年份	军队和舰队支出	国家债务支出	宫廷支出	财政和国家经济支出	行政和法庭支出	国民教育支出
1680	约 0.75	—	0.22	0.067	0.02	—
1701	1.96	—	0.11	—	0.05	0.004
1725	5.97	—	0.33	0.89	0.20	0.027
1764	8.72	—	1.67	4.96	2.31	0.029
1794	22.65	2.03	4.27	9.80	5.53	0.629
1801	32.35	6.74	5.53	约 27	6.11	0.739
1825	48.44	15.32	5.48	约 27	约 10	0.522
1850	119.50	52.16	约 10.75	约 35.4	—	2.765

1861 年农奴制改革之前，俄国所有的国家收支都具有封建社会固有的特征。

在国家收支的收入项目中，人头税的占比最高。人头税和酒税、盐税的征收范围最广，最主要的征收对象是广大民众，而大贵族和大商人则不在征税之列。

贵族竭尽所能地保护自己的利益，而农民的税赋不断加重。1724年，俄国农民的人头税税额为 70 戈比，1794 年人头税税额上升至 1卢布。1725 年人头税税额为 1 卢布 10 戈比，1794 年为 4 卢布，很明显，他们的税额不断增加。在当时地主可以随意增加所属农民的代役租和差役。

В. П. 波克罗夫斯基认为，除了上述赋税外，资本税也是国库的重要收入来源之一，该税赋主要的征收对象是商人等级。在包税制度推行之前，俄国政府出售伏特加获得的酒税收入为 433.9 万卢布，征税时的花费约为 100 万卢布。包税制度推行了 30 年，推行包税制度第一年的收入为 1500 万卢布，第二年的收入为 700 万卢布。值得一提的是，18 世纪上缴国库的税款并不是纸币，均是 20 戈比的硬币。众所周知，虽然人民群众为国库缴纳了大量的赋税，但因多次战争和国内局势动荡不安，18 世纪末之后，俄国的国民收入长期赤字，只能通过大量发行纸币和债券来缓解财政危机。

在国家财政支出的各类项目中，居于前列的是军队和舰队支出与国家债务支出，然后是行政和法庭支出与宫廷支出。除国民教育支出外，生产性支出的占比很低，而此时的国民教育支出主要用来支付贵族和僧侣等级子女的教育经费。

二　1769~1817年俄国纸币发行量①

叶卡捷琳娜二世时期，俄国政府为缓解财政危机，首次发行纸币。1769~1817 年俄国纸币的发行量详见表 5.3。

表 5.3　1769~1817 年俄国纸币发行量

单位：卢布

年份	纸币发行量	所有纸币总额
1769	2610975	2619975
1787	53780750	100000000
1790	11000100	111000000
1794	21550000	145550000
1796	7703640	157703640
1798	31356764	194931605
1799	16068395	210000000

---

① Печерин Я. И. История госуд. доходов и расходов с 1864 г. по 1884 г. СПб., 1898. С. 236–237.

续表

年份	纸币发行量	所有纸币总额
1800	2689335	212689335
1801	8799090	221488335
1802	8976090	230464425
1803	19535575	250000000
1804	10658550	260648550
1805	31540560	292199100
1806	27040840	319239960
1807	63089545	382329505
1808	95039075	477368580
1809	55332720	533291300
1810	46172480	579373880
1811	2020520	581394400
1812	64500000	645894400
1813	103440000	749334400
1814	48791500	798125900
1815	27697800	825823700
1816	5600000	831423700
1817	4576300	863000000

1769 年，俄国政府发行了第一批纸币。第一批纸币发行时，为保证其价值，政府用贵金属作为保证金，发行纸币的目的是方便商品交易和缓解财政危机。当时俄国市面上主要流通的货币是铜币，由于商品交易量的增加，加上铜币的运输过程十分烦琐，不利于商品交换，必须寻找新的交易货币。铜币的重量很重，25 卢布铜币的重量就达 0.5 普特。俄国政府的纸币发行业务虽然很成功，但也存在诸多不足。国库贵金属的储备不足，导致国家财政长期赤字。在战争年代，纸币的发行量飙升。叶卡捷琳娜二世时期爆发的俄土战争、保罗一世在位期间的苏沃洛夫远征意大利，以及亚历山大一世在位时爆发的俄法战争，导致国家财政赤字严重，当时俄国政府甚至专门生产印钞机，其目的是印刷更多的纸币。

俄国政府大量发行纸币的行为导致卢布急剧贬值，1814 年和 1815 年，1 卢布纸币只能兑换 20 戈比。为解决这一问题，亚历山大一世政府只能用发行债券的方式来弥补财政的亏空，并且开始清理部分纸币。从 1818 年开始，俄国政府停止发行纸币，此状况一直持续至 1826 年。货币改革的结果是纸币发行额缩减至 595776310 卢布，1833 年，1 卢布纸币可兑换 27.25 戈比。

尼古拉一世期间，坎克林①任财政大臣后就开始了货币改革。1843 年，俄国政府发行 226418227 信贷卢布，因发行信贷卢布需要大量黄金和白银作为储备金，所以信贷卢布的价值较高，此时 1 信贷卢布可兑换 3 卢布 50 戈比纸币。

Н. И. 罗日科夫（Рожков）指出，坎克林改革的目的是恢复俄国的金本位制，改革后货币贬值的窘境暂时得到克服。②货币改革不但暂时缓解了财政危机，也符合工商业发展的需求。虽然尼古拉一世时期卢布的汇率较为稳定，但货币改革并不是十分成功，塞瓦斯托波尔战役时俄国政府不得已发行新的纸币，信贷票据（信贷卢布）也像之前的纸币一样快速在市场上流通。

三 俄国信贷票据的发行量③

由于国家财政赤字居高不下，只能发行信贷票据。1843~1861 年俄国信贷票据的发行量详见表 5.4。

---

① Е. Ф. 坎克林（1774~1845 年），俄国经济学家、国务活动家，1823~1844 年担任财政大臣。——译者注
② Финансовая реформа Канкрина. I т. История России в XI в. Изд. Гранат. С. 234–235.
③ Кауфман И. И. Истоия бумажных денег в России. СПб.，1909. г. С. 143–169.

表 5.4　1843~1861 年俄国信贷票据的发行量

单位：卢布

年份	发行量	回收量	所有流通信贷票据的金额	黄金和白银的储备量
1843	226418227	—	226418327	61837494
1844~1852	84957354	—	311375581	146794848
1853~1857	423921425	—	735297016	141460771
1858	—	90648297	644648719	110812482
1859~1861	68947459		713596178	80448187

1843 年发行信贷票据的主要目的是保持纸币价值。法律规定金属储备金为货币发行金额的 1/6，但实际储备金的金额要求更高。1844~1852 年，俄国政府发行了新的信贷票据，但是此时银行的黄金和白银储备量足以抵偿票据价值。

克里米亚战争期间，信贷票据的发行量大增，黄金和白银的储备量已不能弥补其不足。由于现有的金属储备金不足，不能维持期票的汇率，所以这些年间信贷票据的发行量逐渐降低。

1858 年，部分信贷货币被回收，但金属储备金持续降低，从而导致其价值下跌。1859 年 1 信贷卢布的价值为 68.75 戈比。1859~1861 年，俄国政府大量发行新的信贷票据，导致 1 信贷卢布只可兑换 62.67 戈比。

1861 年，除 7.13 亿信贷票据之外，俄国金融市场上还流通着 1.08 亿卢布的国库券、1.78 亿卢布之前国家银行发行的无期存款，当这些票据转交给国家银行后，其价值合计 9.99 亿卢布。上述票据的价值为年均国家财政收入的 2.5 倍。1861 年农奴制改革之前俄国财政赤字居高不下的状况在农奴制改革之后很长一段时间内依然存在。

四 18世纪和19世纪上半叶俄国的国家债务①

18世纪，俄国财政赤字的现象已十分常见。叶卡捷琳娜二世时期，俄国财政赤字更为严重。女皇在位时期（1762~1796年）的财政收入为14.15亿卢布，而支出却为16.15亿卢布，财政赤字2亿卢布。为弥补财政赤字，政府发行了1.57亿卢布的纸币，发行国际债务的金额为3307.3万卢布，国内债务的金额为1557万卢布。

保罗一世在位期间（1796~1801年），俄国政府的纸币发行量增加至5623.7万卢布。为缓解财政危机，俄国政府只能大肆举债，政府与荷兰银行家签订协议，发行了8830万荷兰盾的外债。1801年，俄国政府的内债、外债和纸币发行额为4.08亿卢布，约等于当时政府5年的国民收入。

亚历山大一世执政末期，国家债务的构成如下：一是纸币发行量为5.96亿卢布；二是长期的荷兰外债为4660万荷兰盾；三是各类政府机构的长期债务为1725.56万银卢布；四是年利率为6%和5%的长期债券金额为1.47亿银卢布。古里耶夫卸任财政大臣之前（1823年），俄国政府的债务额为13.44亿纸卢布，或2.14亿银卢布。

尼古拉一世在位期间，俄国的国债持续增加。1823~1842年，坎克林任财政大臣期间，国家债务额达4.62亿银卢布。尼古拉一世

---

① Чегулин Н. Д. Очерки по истории финансов в царст. Екатерины II. СПб., 1906. С. 319; Блиох И. С. Финансы России XIX в. Т. I. С. 59, 151; Т. II. С. 20-21; Нов. Энц. Слов. //статье Брокгауза. Т. XIV.

在位的后半期，国家财政赤字已颇为严重。随着国家债务的逐年提升，俄国政府开始大量发行外债，俄国各类银行和相关金融机构也纷纷开始发行信贷票据。1856 年 1 月 1 日，所有内债和外债总额达 5.33 亿卢布，此时信贷卢布的发行量为 5.87 亿卢布。尼古拉一世在位的最后一年，国家的预算额为 2.62 亿卢布。1861 年农奴制改革前夕，俄国国家债务增加至 19.79 亿卢布，已超过年均预算的 7 倍。

五 1817~1825年国家债务的利息支出[①]

俄国政府在大举借债的同时需要支付高额利息。1817~1825 年俄国国家债务的利息支出详见表 5.5。

表 5.5 1817~1825 年俄国国家债务的利息支出

单位：千纸卢布

年份	金额	年份	金额
1817	41433	1822	61642
1818	56749	1823	66271
1819	56853	1824	60933
1820	66102	1825	56764
1821	58127		

在此期间，俄国国家债务的利息支出为国库总收入的 10%~15%。19 世纪 50 年代，该支出的占比达 22%，50 年代末占比为 12.25%。

---

① Блиох И. С. Финансы России XIX в. Т. I. Таблица. C. 152.

六 18世纪和19世纪上半叶俄国军队的扩充①

从 18 世纪开始，俄国政府大肆征兵，彼得一世执政末期，俄国正规军的数量已达 20 万人。

叶卡捷琳娜二世执政初期，俄国正规军队的数量变化不大。

叶卡捷琳娜二世执政时的二次俄土战争期间（1787~1791 年），俄国军队的数量增加至 40 万人。

亚历山大一世执政时的俄法战争期间（1806~1812 年），俄国军队的数量再次增长 1 倍，达 80 万人。

克里米亚战争期间（1854~1855 年），俄国军队的规模再次扩充，正规军数量达 160 万人。

除正规军队外，俄国还有很多非正规军队。1855 年俄国非正规军的规模详见表 5.6。

表 5.6 1855 年俄国非正规军的规模

单位：人

种类	数量	种类	数量
步兵	1237000	炮兵	139000
骑兵	129000	工兵	23000

17 世纪，俄国商业逐渐繁荣，政府收入逐年增加，彼得一世时期正式建立了正规军。随着军事实力的增强，俄国获得了波罗的海出海口，本国的农产品和手工业品开始运至西欧市场。18 世纪是俄国农奴制经济

---

① Милюков П. Н. Очерки по истории русской культуры. Т. I. С. 150；Покровский М. Н. Очерки истории русской культуры. С. 209−210.

的繁荣时期，叶卡捷琳娜二世在位期间国内工商业继续发展，其征服俄国南部草原和瓜分波兰的举措使俄国的军事实力大增。亚历山大一世在位期间，虽然俄国受到大陆封锁政策的钳制，但与英国等国的经济联系仍日渐加强，此时经济继续发展。与此同时，为应对拿破仑的入侵，俄国军队的数量继续增加。尼古拉一世在位期间，俄国军队数量激增也是工业资本主义发展时期特有的现象，此时落后的农奴制导致国内市场容量不足，俄国商人和企业主开始寻求更广阔的国际市场，为此开始对外扩张。

从 17 世纪下半叶开始，俄国军队的实力逐步增强，这也导致军费支出大增，为缓解赤字，卢布的发行量逐年增加。М. И. 波克罗夫斯基认为，纸币具有重要的政治经济功能，它是落后俄国各类机构正常运转的杠杆，俄国资本，首先是商业资本，然后是工业资本都受其影响，它们试图使用纸币来寻找新的发展道路和全新的市场。与此同时，俄国政府用于供养军队的支出逐年增加。М. И. 波克罗夫斯基曾指出，如果俄国不是具有这么多的金属货币，那么它也不会那么强大。

毫无疑问，纸币的汇率变动会触及统治阶层的政治利益，对世袭贵族和商人的影响最大。М. И. 波克罗夫斯基认为，在俄国国内，纸币的购买力总是超过它在国外的汇率。纸币汇率也直接影响俄国原材料的出口收入。

七　1859~1861年俄国国民收入中的军事支出①

在俄国国民支出的各类项目中，军队支出一直是大头。1859~1861 年俄国国民收入中军事支出的规模详见表 5.7。

---

① Блиох И. С. Финансы в России XIX в. Т. II. С. 159 прим.

表 5.7　1859~1861 年俄国国民收入中军事支出的规模

单位：千卢布，%

年份	陆军支出	海军支出	军队总支出	军队总支出占国民收入的比例
1859	106.6	20.3	126.9	43.1
1860	106.6	22.1	128.7	36.1
1861	115.9	23.5	139.5	40.4

八　1825~1850年俄国政府预算中的关税收入[①]

关税是俄国最重要的财政进项之一。1825~1850 年俄国政府预算中的关税收入详见表 5.8。

表 5.8　1825~1850 年俄国政府预算中的关税收入

单位：百万银卢布，%

年份	关税收入	关税收入占国家税收的比例	关税占进口商品价值的比例
1825	15.6	17.3	—
1830	18.9	20.9	—
1835	22.4	20.0	—
1840	26.4	22.1	—
1845	30.4	21.4	38.4
1850	30.1	20.4	30.3

从 1822 年开始，俄国政府开始推行保护性关税税率，且保护程度逐年提升，外国商品很难进入俄国市场。关税政策对俄国工业产生

[①]　Соболев М. Н. Таможенная политика России во 2 - й пол. XIX в. Томск., 1911. С. 3 и след.

了非常重要的影响，部分工业部门，尤其是纺纱和织布工业，即便在封建农奴制经济的背景下也发展迅速。19世纪40年代，俄国政府推行的禁止性关税税率虽具有诸多弊端，导致俄国商品很难在国际市场上站稳脚跟，却使国库收入大增。①

从1850年开始，俄国政府开始推行较为温和的禁止性关税税率，总体关税税率降低了4%~5%。1857年，俄国政府颁布了新的关税税率，具有温和性的保护关税特征。该税率一方面可保护本国工业的发展，很多工业品可顺利出口至国际市场；另一方面降低了高价值商品的关税。这样的政策不但可以增加财政收入，还可打击走私行为。

九　1851~1860年进口商品价值中关税的占比②

由于关税的提高，国外运至俄国的大部分商品价格明显提高。1851~1860年俄国进口商品价值中关税的占比详见表5.9。

---

① 1823年，坎克林继任财政大臣后立即推行禁止性关税政策，其在任期间推出1824年、1825年、1826年、1831年和1841年税率，国外商品的进口关税逐步提高。与1822年税率相比，1826年所有商品的进口关税提高12.5%。19世纪二三十年代，俄国政府再次提高关税税率，但幅度不大。1836年之后，俄国关税政策开始向温和性保护关税政策转变。降低工业半成品和诸多工业品的关税，降低幅度约为10%~12%，取缔很多产品的进口限制，如取消茶叶、咖啡、香料和锡等商品高达12.5%的进口关税，允许奢侈品进入俄国市场。19世纪中叶，受自由主义思潮影响，进口关税税率开始降低。1857年关税税率的保护程度更低，与1850年关税税率相比，大部分商品的进口关税降低26%~50%。——译者注

② Соболев М. Н. Таможенная политика России во 2 - й пол. XIX в. Томск., 1911. С. 821.

表 5.9　1851～1860 年俄国进口商品价值中关税的占比

单位：%

年份	生活物资	原料和半工业品	加工制品	所有商品总计
1851	45.1	7.5	25.1	26.1
1860	38.9	8.5	22.5	19.0

　　在温和性关税税率推行期间，进口商品价值中，关税的占比很高，1851 年关税占商品总价值的比例超过 1/4，1860 年，其占比已低于 1/5。

译后记

　　《数字中的俄国经济（1800～1861）》是俄国和苏联时期知名历史学家沃兹涅先斯基·谢尔盖·瓦列里安诺维奇（1886～1940年）于1924年出版的著作，是俄国经济史研究的奠基之作之一。本书史料翔实、内容丰富，是研究俄国经济史的必读之作，在苏联和如今的俄罗斯也具有重要的影响。本书作者以史料和各类文献为基础，运用经济学、统计学和历史学的分析方法和理论，对19世纪上半叶俄国的人口构成、农业和畜牧业、工业、贸易、信贷和国家财政进行了详细分析，对研究俄国工业化和城市化具有重要的参考作用。

　　因水平有限，书中难免存在错误和疏漏之处，恳请各位方家批评指正。值得一提的是，因出版年份较早，原著中部分数据疑误，译者和编辑进行了纠正，也有部分数据无法核实，在此一并说明。

　　本书的翻译分工如下：第一章、第二章由王梓云博负责，第三章和第四章由邓沛勇负责，第五章由张恩祥负责，全书由邓沛勇进行校对。

　　最后感谢本书编辑颜林柯老师的大力帮助，在她的支持下本书才能顺利出版。

图书在版编目（CIP）数据

数字中的俄国经济：1800-1861 ／（俄罗斯）C. 沃兹
涅先斯基著；邓沛勇，王梓云博，张恩祥译. --北京：
社会科学文献出版社，2024.10. --ISBN 978-7-5228
-4236-3

Ⅰ. F151.29

中国国家版本馆 CIP 数据核字第 2024NH4105 号

数字中的俄国经济（1800~1861）

著　　者／〔俄〕C. 沃兹涅先斯基
译　　者／邓沛勇　王梓云博　张恩祥

出 版 人／冀祥德
组稿编辑／高　雁
责任编辑／颜林柯
责任印制／王京美

出　　版／社会科学文献出版社·经济与管理分社（010）59367226
　　　　　地址：北京市北三环中路甲 29 号院华龙大厦　邮编：100029
　　　　　网址：www. ssap. com. cn
发　　行／社会科学文献出版社（010）59367028
印　　装／三河市龙林印务有限公司

规　　格／开　本：787mm×1092mm　1/16
　　　　　印　张：15.75　字　数：200 千字
版　　次／2024 年 10 月第 1 版　2024 年 10 月第 1 次印刷
书　　号／ISBN 978-7-5228-4236-3
定　　价／128.00 元

读者服务电话：4008918866